法社会学信札

刘思达 著

北京大学出版社

PEKING UNIVERSITY PRESS

图书在版编目(CIP)数据

法社会学信札 / 刘思达著. -- 北京：北京大学出版社，2024. 11.
-- ISBN 978-7-301-35540-4

Ⅰ. D902

中国国家版本馆 CIP 数据核字第 20242YB393 号

书　　　　名	法社会学信札	
	FA SHEHUIXUE XINZHA	
著作责任者	刘思达　著	
责 任 编 辑	王　晶	
标 准 书 号	ISBN 978-7-301-35540-4	
出 版 发 行	北京大学出版社	
地　　　　址	北京市海淀区成府路 205 号　　100871	
网　　　　址	http://www.pup.cn	
新 浪 微 博	@北京大学出版社　　@北大出版社法律图书	
电 子 邮 箱	编辑部 law@pup.cn　总编室 zpup@pup.cn	
电　　　　话	邮购部 010-62752015　发行部 010-62750672	
	编辑部 010-62752027	
印 　刷 　者	北京中科印刷有限公司	
经 　销 　者	新华书店	
	880 毫米×1230 毫米　A5　6 印张　130 千字	
	2024 年 11 月第 1 版　2024 年 11 月第 1 次印刷	
定　　　　价	49.00 元	

目录

第 1 封信

郑旻学长：

你好！我叫杜荔，是燕京大学法律系的博士生，最近学问做得有些苦恼，冒昧给你写信，想请教几个关于法律社会学的问题，望能拨冗指教。

我自己的专业本是宪法与行政法，但一直不务正业，宪法的专业文章写得索然无味，又被那些课题、会议之类为在学界安身立命而不得不做的事情折磨得疲惫不堪，却忙里偷闲读了不少哲学和政治哲学的书。近年来我又对社会学产生了兴趣，旁听了本校一位老先生开的法律社会学课，结果课上读的几乎全是涂尔干、韦伯、托克维尔这些学者的经典著作，虽然在精读的过程中受益匪浅，也对社会学的理论起源和现代性问题有了点肤浅的了解，但对当代法律社会学的理论与方法还是一头雾水。于是我从图书馆里找了一本翻译过来的美国法律社会学教科书看，但不知是翻译质量问题，还是因为教科书本身的关注点大都是美国国内的问题，读起来总觉得有几分隔膜，脑子里的问号反倒越读越多了。

很早就听燕大的老师们提起过你，说你当年从法律系出国研修社会学的事，左思右想之后，才鼓起勇气给你写这封信。

我的问题实在很多，不想耽误你太多时间，就先问个最基本的吧。那本美国教科书里反复提到一个词："行动中的法"（law in action），说是和"书本上的法"（law on the books）相对，后者是传统法学的研究对象，而前者则是法律社会学这个交叉学科的研究对象。这个两分法的意思我大概明白，国内近年来也有学者在大力提倡以实证研究为基础的"社科法学"，可所谓"行动"究竟是指什么呢？是法律实施？还是法律人的行为？或者说法律本身是动态的？另外，我感觉这个"行动中的法"和涂尔干、韦伯等经典社会学家笔下法律的意涵似乎不完全一样，可又说不太清楚区别究竟在哪里，也希望你能帮我解释一下。多谢了！

期待收到你的回复。

第 2 封信

杜荔学妹：

　　很高兴收到你的信。离开燕大多年，看到你现在还能像我以前上大学时那样，不怎么爱读专业书却净学些"旁门左道"，我甚感欣慰。其实大学本来就该是博览群书的地方，按西方人的说法，所谓"大学"（university），就是把整个宇宙（universe）都摆在我们面前，让我们选择自己感兴趣的东西来学习。而现如今的学术界，无论是美国、中国还是其他地方，都变得十分功利，对学者的评价只看本专业、本领域的技术性知识，或是那些引用率、影响因子之类简单粗暴的量化考评标准，却忽视了"大学"这两个字的本质。

　　我非常愿意和你探讨法律社会学。在美国学界混迹多年之后，我想的问题和写的东西也逐渐被这个学术体系的话语和思维方式限制住了，总想对法律社会学的基本理论和方法都做些突破，却不知从何入手，也许你从宪法或者行政法的视角，反而能给我一些新思路呢。我们不妨慢慢谈，一封信写不完就写十封，十封信写不完就写五十封、一百封，直到尽兴为止，如何？

当代中国的法律社会学从 20 世纪 80 年代中后期兴起到现在，有近四十年的历史了，也出了不少优秀的研究成果，可由于种种原因，一直没有形成有生命力和延续性的学术传统。目前的要害问题恰恰是你信中提到的，老一代法学家所受的训练基本上是法教义学的，不会做符合社会科学规范的实证研究，而年轻一代的学者、学生中虽然有不少人对"社科法学"感兴趣，但一方面缺乏方法论上的专业训练，另一方面对国外的研究成果也是囫囵吞枣，很难将这些舶来的理论视角和中国本土的社会现实有效地联系起来。你找美国的法律社会学教科书来看，会有些帮助，但如你所言，美国人眼中的世界向来是以美国为中心的，写的教科书基本上都是针对美国社会中的法律相关问题，和中国社会的差异实在太大，即使不考虑翻译质量问题，倘若只是生搬硬套国外理论，也未必就能帮助你从社会学的视角理解目前中国经济社会转型过程中层出不穷的各种法律现象。中国人写中国的法律社会学，当然不能"闭门造车"，但在借鉴国外理论时，一定要防止"食洋不化"，否则不但会产生理论和经验现象脱节的问题，而且也无法基于我国经验做出对法律社会学理论的原创性贡献。

你提到的"书本上的法"与"行动中的法"的区分，是美国 20 世纪 60 年代兴起的"法律与社会运动"（law and society movement）的基本出发点。这个运动的奠基人并不都是法学教授，而是也包括了社会学、历史学、人类学、政治学、心理学等人文与社会科学的学者。把法律社会学与以解释法律条文、判例和学说为核心的所谓"规范法学"或"法教义学"区分开，是这个交叉学科领域得以在法学和社会科学、历史学等学科的夹缝之间生存的基础。西方学者对这一领域有几种不同的叫法，"法律社会学"（sociology of law）只是其中之一，而那些专业知识背景不是社会学的学者则更倾向于使用"法律与社会"（law and society）这个学科烙印不明显的叫法，有点类似近年来国内学界常提到的"法律和社会科学"或者"社科法学"。但"法律与社会"并不包括法律经济分析（law and economics），因为后者自成一个领域，其基本理论假设与研究方法都与"法律与社会"的研究进路大相径庭。另外，欧洲和英联邦国家的一些学者喜欢用"社会—法律研究"（so-cio-legal studies）这个词，但我认为这三种叫法并没有实质区别，只是个人和学科偏好而已。

　　"行动中的法"这个概念里的"行动"二字，其实并不局限于法律的实施过程或者法律人的行为，而是更强调法律运作的各种社会语境。"行动中的法"首先意味着将法律的空间位置从法律系统本身转向日常社会生活，美国的法律社会学家们常说"法律无处不在"（law is everywhere），他们所指的"法律"不仅是国家的正式法律，而且也包括社会生活中的其他各种规则，比如学校的校规、企业的规章制度乃至一些非正式的宗教和文化习俗。举个最普通的例子，我们都知道去学校食堂打饭要排队，但几乎没有哪个食堂会对此作出明文规定，这类看不见、摸不着的"活法"

（living law）也属于社会学意义上的法律。事实上，在日常生活中，活法比书本上的法要更有效，因为我们都已经把这些活法当成了习惯，即使没有国家强制力的支持，绝大多数人也还是会遵从。

法律社会学试图以社会科学的外部视角来审视各种法律现象，其关注点并非法律条文本身的意涵和逻辑，而是法律系统的社会结构、法律变革、法律职业、法律意识、纠纷解决等法律运作过程中出现的各种经验问题。比如从法律社会学的角度来研究法律职业的话，研究者所关注的并非《律师法》的条文或者全国律协的行业规则，而是律师业的社会结构、律师的日常工作、律师与委托人的关系、律师事务所的规模化发展、律师的职业生涯、律师业内部的性别歧视等经验问题。也就是说，法律社会学所采用的视角并不是身处法律系统之内的法律执业者的视角，而是从外部观察法律系统的社会科学家的视角。

至于"行动中的法"与经典社会理论家笔下的法律究竟有什么区别，这是个很难回答的问题。比如韦伯的《经济与社会》中有几百页关于法律社会学的论述，但并不存在类似于"书本上的法"和"行动中的法"的区分，他所关注的核心问题其实是现代社会中法律的形式理性化以及法理型权威的兴起。而涂尔干的《社会分工论》里关于"压制性法"（repressive law）与"恢复性法"（restitutive law）的讨论，则是为了论证社会从机械团结向有机团结的变迁过程，压制性法体现了传统社会的机械团结，恢复性法则体现了现代社会的有机团结，二者既可以是书本上的法，又可以是行动中的法，归根结底只是社会团结的一种表现。从这个意义上讲，美国的法律社会学传统其实受欧洲古典社会理论的影响并不大，反而更多的是源自美国本土的法律现实主义（legal realism），并且受到了 20 世纪 60 年代民权运动时代背景的深刻影响。

　　写了这么多，不知是否回答了你的问题。新年伊始，祝学业精进！

第 3 封信

郑旻学长：

收到你的回信，非常激动！其实能收到一个简短的回复我就很开心了，没想到你居然写了这么长……能向你学习和探讨法律社会学，是我的莫大荣幸，也是对我学术研究的激励。我会努力问些好问题的！

你提到的国内法律社会学偏重理论、美国却偏重实证研究的现象，我读书时也注意到了。一直觉得国内的法学研究受欧陆理论的影响比较深，很多文章都是宏大叙事，即使是一些所谓的实证研究，数据材料往往也不太扎实，很多都是结论先行，实证分析只是点缀而已。近来出现的"法教义学"与"社科法学"的分歧和争论，感觉和你说的美国六十年前的"法律与社会"运动颇有些相似之处呢。不过，国内的"社科法学"似乎也包括法律经济分析，同时搞法律社会学和法律经济学的学者也不少，例如苏力这样的法学名家，而并不像你说的二者"大相径庭"，不知是因为还在学科发展的初级阶段，还是有什么别的原因？

　　法律现实主义国内有时也翻译成"现实主义法学"，如果我没记错的话，好像是和"形式主义法学"相对的。我在硕士阶段读过一些霍姆斯大法官的作品，他就是法律现实主义的创始人之一吧？我记得他的名篇《法律的道路》里有一句话说，法律"只不过是一个预测，即如果一个人做了或者没做某些事情就将会被法院判决承担这样或那样的惩罚后果"，第一次读到这句话时，真有种醍醐灌顶的感觉。不过法律现实主义与美国当代法律社会学之间的联系，我还是一知半解，能否请你再详细讲讲？

　　哦，对了，还有一个问题，你说的"法律无处不在"，似乎彻底颠覆了国家法律与习惯法之间的界限，如果连在食堂排队打饭都可以算"活法"的话，那岂不是人类的任何有规律可循的行为都是法了？这个定义是否太过宽泛了呢？

　　芝加哥的冬天一定很冷，愿你在冰天雪地里收到这封信时，能想起燕园的"一塔湖图"，感受到来自大洋彼岸的一丝温暖。

第 4 封信

杜荔学妹：

收到你的信，虽然只是电脑屏幕上的几段字符，但在那一刻我还是感到了温暖。其实我一直觉得书信是人类最美的表达方式之一，纸张、笔迹、信封、邮票，寄信人和收信人身处不同时空，寄信人某一时刻的思念或感动，经过几天、几个星期甚至几个月的辗转，等收信人看到时，早已烟消云散，但这些却又会触发新的思绪和情感。只可惜现代科技让人与人之间的时空大大缩减，信封、邮票当然可以节省，而许多真实、细致的情感，却也无处安放了。这是件特别令人悲哀的事。

关于法律的定义问题，在法律社会学的学术史上其实经历了一个逐渐扩展的过程。法律现实主义原本是个法理学思潮，它和法律形式主义（legal formalism）相对（也就是你提到的形式主义法学），后者自 19 世纪以来一直是法理学的重要传统，影响深远。法律形式主义把法律视为一个封闭的规则体系，认为这个体系与政治、道德、习惯等社会规范之间并不存在必然联系，而是有其相对独立且内部连贯的规则、逻辑和价值；而法律现实主义则认为法律的运作不可避免地要受到政治、社会、历史、文化等外部语境的影响，要从这些语境中探寻法律规则和逻辑的来源。你上一封信中提到的"书本上的法"与"行动中的法"的区分，其实就是法律现实主义的另一位代表人物庞德（Roscoe Pound）提出来的，不过他当时用的词是"书本中的法"（law in books），指的是法律文本中所体现的规则，后来被别人说滥了，就变成了"书本上的法"（law on the books），按这个词的意思，似乎只有白纸黑字的法条和判例才算法律。当然，对当代法律社会学而言，这个细小的区别并不是那么重要。

后来到了 20 世纪 60—70 年代，美国的民权运动如火如荼，试图用法律来推动社会变革的左派知识分子在学术界逐渐占据了一席之地，这也就催生了两个彼此密切相关的学术传统：一个是批判法学，简称 CLS（Critical Legal Studies），另一个就是法律社会学。批判法学是个法理学思潮，并不强调实证研究方法，而主要通过对法律文本的重新解读来批判所谓"古典法律思想"中的意识形态和权力关系。这个激进的左派思潮至今在美国法学界都占据着重要地位，几乎可以和意识形态相对保守的法律经济学分庭抗礼。而美国的第一代法律社会学家中也有几位是批判法学的重要人物，如楚贝克（David M. Trubek）、埃贝尔（Richard L. Abel）等，但他们的研究方法明显更偏向社会科学，同时也借鉴了韦伯、马克思等人的经典社会学理论，对法律与发展、法律职业等领域都做出了十分独到的贡献。

但说到"法律无处不在",就不能不提 20 世纪晚期美国法律社会学的一个重要学派——阿默斯特学派(Amherst School)。我觉得,要想搞出个学派来,先要有几个志同道合的学者一起开些小型研讨会(seminar),每周或每个月定期聚会讨论,日久天长,大家的学术观点越来越趋同,学派也就逐渐形成了。阿默斯特学派就是典型的例子,在 20 世纪 80 年代中期,西尔贝(Susan S. Silbey)、梅丽(Sally Engle Merry)、萨拉(Austin Sarat)、梅泽(Lynn Mather)、英弗森(Barbara Yngvesson)等一批当时的中青年学者都集中在阿默斯特学院(Amherst College)和马萨诸塞大学(UMass-Amherst)所在地阿默斯特的周边地区,于是他们就组织了一个"阿默斯特法律意识形态与法律过程系列讲座"(Amherst Seminar on Legal Ideology and Legal Process),持续了很多年,结果不但上述几位学者都成了当代法律社会学界的风云人物,而且催生了美国法律社会学史上的一次至关重要的"文化转向"(cultural turn)。

与早期的美国法律社会学研究主要关注"书本上的法"与"行动中的法"之间的差距不同,阿默斯特学派认为,法律其实并不是从书本上来的,而是从日常社会生活中衍生出来的社会结构,普通人对法律的理解和运用,和在立法机关、法院、律师事务所等法律专业场所中发生的事情关系并不大,因为绝大多数人一辈子都不会有太多接触这些场所的机会。因此,如果要真正理解

"法律"二字在日常生活中的意涵，就必须超越"书本上的法"对研究视角的约束，而深入到基层社区，从普通人的经历和话语中发现法律对他们究竟意味着什么，是如何与他们的日常生活遭遇的。比如这个理论传统的经典著作《法律的普通场所》（*The Common Place of Law*，国内的两个中译本曾译为《法律的公共空间》和《日常生活与法律》，我认为都不太精确），作者尤伊克（Patricia Ewick）和西尔贝就深入到新泽西州各个社区的普通人家里做了几百个访谈，从受访人的日常生活谈起，听他们讲自己生活里遇到的麻烦事，然后从这些看似"鸡毛蒜皮"的小事中发现法律，进而发展出了关于法律意识的一个重要理论分类，即所谓"面前之法"（before the law）、"身边之法"（with the law）、"身外之法"（against the law）。国内有学者把这个分类意译为"敬畏法律""运用法律""对抗法律"，也是很不错的译法。

你提到的"活法"的边界问题，如果从阿默斯特学派的视角来看，或许并不是个问题，因为什么是法律、什么不是法律原本就不存在任何客观标准，而在很大程度上取决于人的主观理解。更重要的问题其实是如何在这些主观理解的基础上建构出一个社会"日常生活中的法律性"（commonplace legality），用尤伊克和西尔贝的话说，就是那些"与法律相关的意涵、权威来源和文化实践，无论被什么人或以什么目的使用"。她们认为，法律性是一个衔接"书本上的法"和民众法律意识的桥梁概念，既不完全来源于法律系统，却又受到法律系统的影响，并与个人的主观法律意识相互作用、相互塑造。再说得通俗一点，日常生活中的法律性恰恰体现了"法律无处不在"的精髓，它弥散在社会生活的每个角落，虽然看不见摸不着，但却无时无刻不影响着人们对法律的理解和运用。不知道这样的一个视角，你会不会觉得有点太"后现代"了？

我有好几年没回燕园看"一塔湖图"了，燕大毕业生能穿过世界流回未名湖的少之又少。如今，我也只好把那幅图景放在心里，偶尔想起来，再看看自己，总是惭愧不已。

第 5 封信

郑旻学长：

　　真的很感谢你的悉心解释！说到书信，我好怀念小时候去邮局买邮票、寄信的感觉，而每次收到来自远方的文字，尤其是手写在信纸上的，哪怕只是一两页，都觉得特别温馨。笔和纸的那种质感是无可替代的，而时空的距离，会产生一种美好的张力。所以，请不必急着给我回信，多些等待和期盼，也许就多一点美感。

　　阿默斯特学派我是第一次听说呢，不过你谈到的这些观点，却有种似曾相识的感觉。我大一上法理学课时就读过苏力的《法治及其本土资源》，后来读了快十年书，加起来大概有几百本，至今都还觉得那是对我影响最大的一本。苏力在书中提到的"法律规避""法律多元"等观点和概念，尤其是对于"市场经济就是法制经济"的质疑和关于"本土资源"的论述，在当时听来都是振聋发聩的，几乎彻底颠覆了我对法律的理解。但现在想想，其实"本土资源论"的核心观点，不就是深入乡土社会的"田间地头"——阿默斯特学派所谓的"普通场所"——去寻找法律的意涵吗？后来我还读了苏力的《送法下乡》和王铭铭、王斯福主编的《乡土社会的秩序、公正与权威》两本书，都是 20 世纪 90 年代末期的作品，采用的也是这种研究思路，法律人类学家们在田野里寻找的"法律"和"秩序"，其实也就是所谓"行动中的法"或者"活法"吧？

　　说起苏力的本土资源论，有一点我一直都不太理解，就是他为什么要把研究范围限制在"乡土社会"。20 世纪 90 年代正是中国市场经济腾飞的开端，国家法律与社会秩序的冲突最激烈的地方，应当在城市里才对嘛。如果我没理解错的话，你提到的"法律无处不在"的观点，是要超越国家正式法律与所谓"乡规民约"之间的两分法，而在日常生活的各个角落寻找法律，探究社会秩序的形成过程。从这个角度讲，苏力虽然也讲到本土资源不只是中国传统社会的法律文化，更是当代社会变迁过程中所出现的各种法律现象，但"送法下乡"的研究进路，和阿默斯特学派比起来，或许还并不够"后现代"呢。我记得苏力后来还出了本叫《道路通向城市》的书，但直到今天为止，中国法学关于市场化、城市化进程中各种法律现象的实证研究还是凤毛麟角，关于农村纠纷解决的研究却层出不穷，甚至连《秋菊打官司》这种基于"乡土社会"意象的影视作品在苏力之后也被法学界炒了许多年冷饭。可仔细想想，在许多乡村都已经城市化或城镇化了的今天，还有多少游离于国家法律之外的所谓"乡土社会"呢？

你说美国法律社会学 20 世纪 80 年代的"文化转向"打破了早期研究中"书本上的法"与"行动中的法"的二分法，这个理论范式转换当然很有价值，可我觉得，对于当代中国而言，借鉴这种颇有"后现代"意味的理论未必是最合适的。苏力的本土资源论在国内经常受到的一个批评，就是中国的现代法律体系还没成型，就先被他给解构了。在过去四十年来我国立法活动十分频繁的语境下，如果能认真研究一下"书本上的法"在实践中运作的状况，我想会做出很有价值的实证研究来。从这个角度讲，中国法律社会学的"文化转向"是否来得太早了一点?

附上一张未名湖的照片，是我昨天晨练时随便拍的。北京的冬天很少下雪，湖面却结了不厚也不薄的冰，我在冰上走了一圈，感觉有点冒险。低头看到冰面下的流水，便想起那句"未名湖是个海洋，诗人都藏在水底"，我听一位学姐说你以前也写诗，不知当年在这水底藏了多少灵魂的秘密。

第 6 封信

杜荔学妹：

　　谢谢你随信寄来的照片。其实我文学修养很差，并不会写诗，当年在燕大只是附庸风雅写了些行体的文字而已，后来都扔掉了。不过我的确怀念北京的冬天，雪很少，天空总是灰蒙蒙的，有种独特的忧郁气质。在美国生活了这些年，从未见过另一个那样的城市。

　　你说起苏力，我真是百感交集。本科时读他的书，几乎崇拜得五体投地，觉得那才是真正有思想、有性格的法理学，尤其是他在《法治及其本土资源》的自序中喊出的那句"什么是你的贡献？"，更是我这些年做学术研究时经常自问的问题。但如今二十多年过去了，苏力本人的学术兴趣早就偏离了法律社会学，而是混杂了法律经济分析、法律与文学等各种交叉学科的理论视角，他曾把大量时间都花在了翻译波斯纳的著作上，反而不做什么《送法下乡》那样的经验研究了。而我在美国学了社会学之后，也才终于明白了"本土资源论"的知识来源究竟在哪里。正如你所

言，苏力的理论和阿默斯特学派有许多相似之处，我猜这和他 20
世纪 80 年代中后期在美国留学时正赶上了美国法律社会学的"文
化转向"有很大关系。不过以美国人的眼光来看，苏力的学术进
路或许会显得有点怪异，因为美国法律社会学是个在政治上非常
激进、特别"左"的研究领域，而以波斯纳为代表的法律经济分
析则是个政治上相对保守的学术传统，二者就像武侠小说里两种
互不兼容的武功，却神奇地练在了苏力一个人身上。以至于有些
尝试同样进路的后辈学者，在几个不同的法律交叉学科领域浅尝
辄止，却终无所成。

至于"本土资源论"究竟是过于后现代，还是不够后现代，
我倒不觉得是问题，学者的根本责任是推动人类知识的演进，而
如何让知识影响实践、变得有用，则是实务工作者所关心的事。
从这个意义上讲，苏力做出了对中国法律社会学乃至整个法学的
奠基性贡献。但对"乡土社会"的过分关注，的确是自 20 世纪 90
年代后期以来国内法律社会学的一个学术倾向，其实所谓"乡土
社会"，只是费孝通先生在《乡土中国》一书中所提出的一个与现
代社会相对的理想类型，如你所言，21 世纪初的城市化浪潮让许
多传统乡村产生了天翻地覆的变化，而与此同时，中国经济的逐
步全球化也让沿海地区的大中型城市几乎脱胎换骨，传统文化、
语言与生活方式被不断挤压，而所谓"现代"中国人的生活方式
究竟是什么，却尚未形成共识——这正是当代中国社会所面临的
"现代性"问题。在这样的历史背景下，或许更应该把实证研究的

关注重点放在城市本身，而不是去寻找生活在城市象牙塔里的人想象中的乡村。

说到这里，不知你是否听说过"华中村治研究"呢？在我看来，这是中国法律社会学到目前为止唯一一个相对成熟的学术传统。虽然他们的关注点还是乡村，在理论和方法上却都有独到之处，比那些根本不做田野调查、盲目跟风、四处浅尝辄止的学者强了太多。

芝加哥今天又下大雪了，气温降到了零下十几度。这里每年一月总是一片白茫茫，让人忘了故乡的模样。

第 7 封 信

郑旻学长：

昨天收到你的信之后，禁不住查了一下芝加哥的天气，竟然那么冷！我从小在南方长大，第一次看见雪就是在北京，燕大的校园里。记得那是个傍晚，下课从教学楼里走出来，望着路灯下的漫天飞雪，把青砖灰瓦一点一点变白，感觉整个时空都凝固住了。不过，虽然已经在这个园子里住了快十年，我总还是觉得北方太过干燥，冬天连像样的水果都没得吃。真想象不出你在异国的寒冬里，每天踩着满地的积雪，是不是会开心。

我几年前读过一本特别有意思的书，陈柏峰的《乡村江湖》，从那本书里才第一次知道华中村治研究，后来又读了《小镇喧嚣》《宋村的调解》《被困的治理》等几本相关著作，感觉这个传统下的学者们更像人类学家，喜欢田野调查和"深描"，书里总有许多生动的故事，理论却很少，也不怎么讨论研究方法，不知这样一种朴素的写作方式，是否符合社会科学的规范呢？当然，陈柏峰那本书是有理论的，从费孝通先生的《乡土中国》出发，将乡土社会的逻辑概括为四个原则（情面原则、不走极端原则、歧视原则、乡情原则），然后再分析乡村"混混"在改革开放后的出现和发展对这几个原则所提出的挑战。书写得有理有据，把中国农村社会"灰色化"的现象描绘得淋漓尽致，读到最后，从没真正下过乡的我，都能感到一种真切的忧虑。最好的学术书，大致就该如此吧。

我身边的老师和学生普遍都很敬重苏力，有些甚至是崇拜，坏话一般是不敢说的。可我看你说他把两种不兼容的武功练在一起，不禁笑出了声来。不过我也要为苏力老师辩护一下，可能正是因为他的问题意识特别敏锐，所以思考工具才是杂糅的，功夫的最高境界是没有门派，无所谓左右，这些武功（包括后来的法律与文学）对他而言都只是表达方式而已。"本土资源论"的核心内容其实是一以贯之的，和费孝通先生类似，从根本上讲都是认为存在即有合理性，这在社会学里是不是叫结构功能主义？我记得苏力前两年还写过一篇关于田野调查的文章，叫《走进田野。何为田野？创造田野！》，里面说他的书房也是"田野"，因为他所谓的田野是"以一切方式，包括看、听和读，获得并利用一切信息，哪怕只是一句话，或一个'段子'。"不知道你怎么看他对田野的这种理解呢？

另外，不重视学术传统的问题，恐怕不是苏力一个人的问题，我感觉 20 世纪 80 年代以来至少两三代中国法学家都有这个倾向。或许这些老师读书时的确没有什么学术传统可言，也或许对外国文献的借鉴还不成体系，但这些问题在今天已经不是问题，因此我们这些后辈也就没了借口。了解海外的学术传统固然重要，但真希望有一天，中国的法律社会学乃至法学也能形成自己的传统，甚至每个领域都能有几个学派百家争鸣。那样的话，我以后再去参加什么学术会议，也就不会觉得是浪费时间了。

　　这个周末就要放寒假，我会坐着高铁回家。一路向南，穿过冻僵了的土地和依然奔流的江河，直到闻见湿润的空气，看见温暖的海。

杜荔学妹：

　　放寒假多好，可以体会到家乡的温暖，也能和亲人一起过年。自从出国留学以来，我只在回国做博士论文田野调查的那年在家过了一次春节，其他时候不是在象牙塔里闭关苦读，就是在讲台上给外国学生传授知识，不知不觉就跨了年。这十几年之后，连过年的风俗都渐渐淡忘了，能有空闲时间亲自动手包顿饺子，都觉得很知足。哦，对了，你们南方过年是不是不吃饺子……说来惭愧，我对南方的记忆几乎全是和田野调查有关，印象最深刻的是有一次从北京坐硬卧去广州，那时还没有高铁，全程要 22 个小时，沿途经过湖南境内，正赶上早春三月，铁路边漫山遍野开满了油菜花，那一瞬间的美好和感动，至今难以忘怀。

　　你提到的《乡村江湖》等几本书，我也一直十分欣赏，这种讲故事、"深描"的写作方式当然符合社会科学的学术规范，事实上，法律人类学的不少经典作品都是采用类似的写法。不过你的问题恰恰体现了法学界很常见的对社会科学的狭隘理解，即认为科学就要"实证",而实证研究就是使用统计方法、以因果关系和假设检验为基础的量化研究。近年来经济学的显学地位愈发巩固,在美国连历史悠久、理论传统深厚的政治学都被经济学给侵略了,也越来越强调这些登不得自然科学大雅之堂的"三脚猫数学",搞得从事质性研究和比较历史研究的政治学者们被逐渐边缘化,几乎是苟延残喘。

其实美国社会学的发展史上也有过类似的阶段,是在二战后的 20 世纪 50—60 年代,那时统计方法方兴未艾,颇有彻底更新研究范式、一统江湖的趋势。好在 20 世纪 70 年代新马克思主义、女权主义和各种后现代思潮的兴起让质性研究又重获青睐,直到今天也还在社会学界占据着小半壁江山。但归根结底,社会学和政治学、经济学一样,都习惯了那种"伪科学"的思维方式,强调解释而非描述,强调理论的普适性而非特殊性。在这一点上,这几个学科都不如人类学,更不如历史学,可以真诚、朴素地面对社会事实。我几年前开会时,曾听一位历史学家讲过一句笑话。她说:"理论就像内裤,你应该一直穿着,但千万不要露出来。"这不恰恰是华中村治研究的做法吗?而我们这些言必称理论的社会科学家,反倒是不知廉耻、整天把内裤顶在头上呢……

至于法律社会学,其实倒一直是质性研究为主、量化研究为辅,即使在量化研究流毒最深远的美国也是如此。原因我想主要有两个,一个是法律作为社会科学的研究对象不像人口、社会分层等问题那么客观,而在很大程度上是规范性的,许多东西不好统计，比如法律意识、诉讼话语、职业伦理等，用质性方法来研究或许更合适。而更实际的一个原因，是法学院的老师们大多"不识数"，有些人虽然学了点统计方法，但也只是皮毛而已，真正能看懂也会用回归分析之类的复杂统计方法的人凤毛麟角，更不用说最近几年流行起来的"大数据"和计算社会科学方法了。而美国法律社会学界虽然大部分学者并不在法学院任教，但其学术作品毕竟还是要同时面向法学和社会科学，因此量化程度也就不会太高。

我本人虽然在博士阶段修过几门统计课，却越学越不相信，觉得社会科学里的统计就像宗教，"信则有，不信则无"，把数学里那些最和谐、最美的东西都毁掉了，尤其是在面对着一个漏洞百出的小样本还硬要寻找"显著性"、谈什么"置信区间"的时候，简直就是在强奸数学。我这些年来一直坚持做质性研究，只是为了让自己能面对活生生的人、实实在在的案件、真真切切的历史，而不是用那些看似"科学"却离社会生活很远的方法自欺欺人。

这个问题我感触很深，话说得也比较直接，希望你不会介意。至于你提到的苏力对"田野"的理解，实在太过宽泛了，一个身体力行坚持做田野调查的人，恐怕是不会这么说的。其实我之所以敢批评苏力，只是因为内心敬重一位学者到一定程度之后，剩下的就只有诚实。那些礼貌和虚伪的客套话，是学术江湖的生存之道，对学问本身却毫无益处。所以，我希望在我们的信里，也可以一直讲真话，好吗？

第 9 封信

郑旻学长：

今天是除夕，给你拜年啦！写这封信的时候，窗外正响着新年的爆竹声，家里的电视上播着我都好几年没看过了的春节晚会，而我就这么躺在从小睡到大的房间里，细细品味着你所说的诚实。如果我们的文字能超越时空的束缚，彼此坦诚相待，也是一种难能可贵的美好呀。做学问当然该讲真话，可这件事说起来容易做起来难，只愿和你的通信成为沙漠中的点点绿洲，让我在宪法学移植之后的广阔天地中，不至于绝望。

我知道你多年来一直主张做法律的质性研究，不过看到"强奸数学"这几个字，还是吓了一跳……我是个彻头彻尾的文科生，只在本科阶段选修过微积分和概率统计，后来也几乎没用过，早就把知识还给了燕大数学系，所以实在不敢在你面前班门弄斧。但我还是很敬佩一些外国学者做的比较宪法的量化分析，比如看美国宪法如何向全球传播，虽然样本并不大，在统计方法上也没有社会学家做得那么精细，但的确分析出了一些令人耳目一新的结果，让法教义学家们刮目相看。这样的研究，你也觉得是强奸数学吗？不能这么说吧。归根结底，我觉得研究方法都是手段，而不是目的，没有最好的方法，只有最适合某个研究题目的方法。打个比方说，这就好像吃饭一样，用刀叉吃拉面很别扭，用筷子吃牛排也很困难，选什么餐具，关键看要吃什么菜。你说法学院的老师大多不识数，老一辈的或许的确是这样，但国内年轻一代的学者，包括一些你的同龄人，已经有越来越多的人可以自如运用量化方法了。

　　人类学和历史学真的比社会学、政治学更真诚、朴素吗？我想也未必吧，还要看是什么人来写。最好的政治社会学家，即使研究的主题再宏大，写出来的东西也可以很朴素。比如我以前读过蒂利（Charles Tilly）的《强制、资本和欧洲国家》，用强制和资本两个概念就解释了欧洲整整一千年的政治史，那真的有一种简约的美感，我读很多历史学家写的书都没有过这种体验。再比如韦伯的《新教伦理与资本主义精神》，最后几页讲到资本主义从"轻飘飘的斗篷"变成了一个"铁笼"，那文字里透出的对现代社会的悲伤与绝望，难道不真诚吗？这两项经典研究虽然都是采用历史资料的质性研究，但也很强调解释和因果机制，难道它们也是伪科学吗？我觉得你说的"伪科学"问题，只是因为当代的社会科学家们常常被方法论所困，却忽略了本学科最根本的理论关怀。而这并非学科本身的优劣，只是学者个人的优劣而已，也许是因为学术界平庸的人太多，"劣币驱逐良币"了吧。

信写完了，夜也深了。我中学在家的时候，常常熬夜到很晚，然后莫名其妙地一个人流泪，有时就那样睡着了，如今想起来，傻乎乎的。长大之后，眼泪变少了，心却更孤单。过了年就是立春，我好希望在这个春天里，能像你当年那样，走遍祖国的土地，在不经意间，遇见野花的美丽。

第 10 封信

杜荔学妹：

　　你放寒假在家里，我这里却是学期正中间，忙得不可开交，迟复为歉。芝加哥是北方的苦寒之地，冷到每学年的第二学期都不叫"春季学期"，而是叫"冬季学期"，因为直到学期结束时，也还看不见春天的影子。在漫长的冬天里冻得时间长了，人的感情似乎也变得迟钝起来，流泪似乎很多年没有过了。所以很羡慕你，还可以有机会四处游荡，像花瓣一样随风飘散。这是年轻的奢侈，无论代价如何，只要诚实面对生活，就足够了。

　　我对量化研究有偏见吗？我想或多或少是有的吧。这一方面是因为我实在看不惯量化学者们那副自认为掌握了宇宙真理的样子，另一方面，是质性研究在美国社会科学界总体而言毕竟还处于弱势，和其他的弱势群体一样，我们每天都要为自己所做工作的合法性而抗争，时间长了，与强势群体之间当然会有许多积怨，有时不由自主地就会流露出来，请见谅。

　　韦伯和蒂利的书都是社会学研究的典范之作，和历史学相比，丝毫也不逊色。但正如你所言，当代的绝大多数社会科学家，已经与这种研究和写作方式渐行渐远，书写得越来越像期刊文章的合集，连期刊文章也写得只有技术、没有美感。你提到的关于比较宪法的量化分析，我也有粗浅的了解，的确颇有新意，但能否创造出好的研究范式，还是一个问号。毕竟全世界就这些国家，历史上所有的宪法加起来也就几百部，这么小的样本，在统计上所能做的分析还是有限，即使研究者的技术再好，做到一定程度之后，恐怕也是"巧妇难为无米之炊"吧。

我从来不认为法律实证研究能够取代法教义学，因为法教义学归根结底是对法律文本的分析，这才是法学的核心知识，而无论是法律经济学、法律社会学还是法律人类学，都只是核心知识之外的"旁门左道"罢了。对我而言，既要练好旁门左道，也要尊重核心知识，我这些年经常和法学界的朋友们开玩笑说自己是个"法盲"，就是因为在社会学界混迹多年之后，法学的核心知识我已经忘得差不多了，剩下的只有对这些知识更多的尊重。

给你举个法律社会学领域里量化研究的优秀案例吧，免得你认为我总戴着有色眼镜看问题。我刚开始读博士班时，因为对关于律师业的实证研究感兴趣，就很用心地读了海因茨（John P. Heinz）和劳曼（Edward O. Laumann）的《芝加哥律师》一书。这本书用的就是量化方法，两位作者通过美国律师基金会（American Bar Foundation）在 1975 年给芝加哥的 777 位律师发了一份调查问卷，其中的问题不仅涉及律师的性别、年龄、种族、宗教信仰、教育背景、工作经历等基本信息，还包括律师所服务的客户类型、在律师业内的社会网络，在各个法律领域工作的时间比例、对各个法律领域声望的评价等。根据这次问卷调查所收集的数据，海因茨和劳曼统计分析之后发现，决定芝加哥律师业社会结构最根本的变量不是律师的业务类型也不是其教育背景，而是律师所服务的客户类型——为大型企业和政府机关客户服务的律师与为个人和小型企业服务的律师之间几乎没有交集，形成了作者所谓的"两个半球"结构。

基于这个发现，两位作者发展出了一个关于律师地位和声望的"客户类型"理论，即律师所服务的客户社会地位越高，律师的社会地位也就越高。整本书的分析和论述都是基于统计数据，但并不是关于自变量和因变量的回归分析，而是采用了社会网络分析方法，甚至用三维空间的方式呈现出律师各个业务领域之间的结构分化，无论是统计技术上还是理论创新上，都令人拍案叫绝。自从读完这本书之后，我一直认为它是法律职业研究领域划时代的经典著作，虽然后来自己没怎么做过问卷调查，也不喜欢量化研究，但每次提到它，还是肃然起敬，写文章时也经常引用。

最后想再多说一句关于讲真话的废话。出淤泥而不染是很难做到的事，不必强求，但我始终觉得，如果一个社会硬要把言论和观点分成正反两类，而不允许中间、温和、多元的声音存在，那真是件可怕的事。这当然不只是学术圈的问题，但做学问的人，总还要守护学术的真实和美感。即使缺乏公共空间，至少可以把文字留下来，即使写不进学术论文，至少还有这些书信。等五十年之后，我们都老去了，文字还在，书信还在，人也就还有尊严。

第 11 封信

郑旻学长：

你别羡慕我啦，南方的冬天很难熬呢，连暖气都没有，又特别潮湿，一个人晚上蜷缩在被窝里，也还是从里往外地冷。这种时候，就只能独自看书——唉，古人说"书中自有颜如玉"，我却想书中也有电暖气……是不是很没出息？

春节来得快去得也快，才过了初五，我就又要返工了。开学前有两篇论文要投出去，导师还跟我说，必须是核心期刊，否则没有意义。国内的许多法学期刊都不发表多人合作的文章的，而是必须独作，不知道是为什么。而且许多期刊还讲究论资排辈，能发"三大刊"的人基本都是正教授，副教授都很难，像我这样连"青椒"都不是的博士生，想都不敢想……

《芝加哥律师》我听说过，不过似乎还没有中文版呢。那个"两个半球"理论以前有位政法大学的老师来做讲座时也讲过，说是不太适用于中国律师业，因为中国律师服务企业的"半球"没那么大，而且国家对法律职业的影响实在太大，客户的影响反而退居其次了。我也不知道他说得对不对，不过读硕士的时候曾在一家律所实习过，带我的合伙人是做刑事辩护业务的，确实感觉他对客户没有那么尊重。但话说回来，客户对律师也并不太尊重，当事人家属见了律师就问他认不认识某某法官，完全不在乎律师的专业水平，有时候我听着就很生气，可合伙人却说他早就习惯了……

刑辩律师真的很难，除了会见难、阅卷难、调查取证难这传统"三难"之外，有人说近几年又加上了"新三难"：证人出庭难、非法证据排除难、职务犯罪案件辩护难。我不知道这五花八门的"难"到底是因为刑辩律师所服务的客户——犯罪嫌疑人——社会地位比较低呢，还是因为律师在国家刑事司法体系中较为弱势？从我个人实习的经验来看，恐怕后者的解释力要更强些。燕大法律系的毕业生做律师的大都去了那个十分光鲜的企业"半球"，每天出没于商务律师事务所和高档写字楼，难得有我这么个对刑事辩护感兴趣的，结果实习期过了博士也考上了，就放弃了做律师的念头，有时想想觉得蛮悲哀的。

所以，我们学点法律社会学之类的"旁门左道"，至少能陶冶一下情操嘛。你说五十年后人还有尊严，可尊严分明是一件日常的事啊，一个律师如果每天被当事人看不起、被法官看不起、被警察看不起，尊严又在哪里呢？而一个学者，如果每天只能写那些能发在核心期刊的论文，申那些能拿到科研经费的课题，开那些没有灵感的会议，那剩下的尊严，恐怕也不多了吧。

又写到深夜，越写越伤感。抱歉也把这些情绪传递给你啦。

第 12 封信

杜荔学妹：

　　读到你的信时，因为一些工作上的琐事，心情正好很差。尤其是看你讲学者的尊严问题，其实，国内的"论文—课题—会议"模式就是从美国学过去的啊！美国大多数学校的人才培养模式就像工厂的生产线，源源不断地生产出一代一代的工匠。所谓想象力和创造性，也同样会慢慢消磨掉。我有一次开会碰到一位美国法律社会学的古董级学者，他轻描淡写地说，年轻学者做的都不是真学问，只有等拿了终身教职之后，才能做真学问……我当时觉得他说得有些轻蔑更有些极端，后来经历过了再想想，觉得这话还是不无道理的。

　　可问题在于，绝大多数人按部就班地熬呀熬终于熬到拿了终身教职的那一天，却也已经被这个生产线训练得不会做真学问了。这是一件特别令人悲哀的事，我不知道究竟该怪谁，是怪国内的学术氛围，还是怪这套看似国际化却如同"铁笼"一般的学术体制？而你我都身处这个铁笼里，即使偶尔可以停下来放声歌唱或者痛哭流涕，大多数时间也只能被生产线推着往前走。如果尊严是一件日常的事，那就要看得见摸得着才好，而不能只是个虚幻的影子。我每天都在试图触摸这个影子，却经常徒劳无功，读到你的信，算是难得的一点慰藉了。

关于"两个半球"理论，你提到的那位老师看得很准。这个理论的基本前提，是律师业具有高度职业自主性，也就是国内经常说的所谓"行业自治"，国家把管理规范这个职业的大部分权力交给了行业协会，而并不直接对律师业指手画脚。没有了国家的干预，客户对律师业的影响自然就凸显了出来，律师业的社会结构所回应的也就主要是律师所服务的客户类型了。这是英美国家的状况。在中国，律师业的"两个半球"也还是存在的，如你所言，那些在所谓"红圈所"里从事非诉业务的燕大法律系同学们所处的执业环境和刑事辩护律师们所处的执业环境，肯定是大相径庭的。

说起刑事辩护，这的确是个难上加难的业务领域。曾参与1995 年第二次芝加哥律师问卷调查的美国学者麦宜生（Ethan Michelson）于 2000—2001 年间在对中国律师业的问卷调查中创建了一个叫作"职业困难"的指标，在很大程度上就是源自中国刑辩律师的"三难"问题。而他的统计分析表明，能显著降低职业困难的是律师的"政治嵌入性"（political embeddedness），也就是律师与公检法等国家机关之间的"科层性、工具性或情感性关联"。说得通俗一点，在公检法机关工作过的律师或者与法官、检察官等国家工作人员之间保持着良好关系的律师，与没有这些关系和经验的律师相比，在执业过程中所遭遇的困难要更少些。在这个意义上，甚至可以说，中国律师业根据律师的政治嵌入性也分成了两个半球，即依附于体制的律师和相对独立于体制的律师，二者之间无论是办理的案件类型、能利用的资源还是个人的政治倾向，都有显著差别。在中国做一个没有政治嵌入性的律师，尤其是刑辩律师，是件既困难又危险的事。

我和你的作息时间很不一样，从小就没有熬夜的习惯，但近来或许是人到中年，醒得越来越早，有时候四五点钟天还没亮就爬起来工作了。这封信落笔时，窗外的天刚蒙蒙亮，我的窗是朝北的，只在黎明之时才会有一缕朝阳撒到窗台上，而这是我每天最能感到希望的时刻。无论如何，生活都会继续，预祝你的两篇论文都能顺利发表，也附上一张刚才随手拍的照片，里面有长夜挥之不去的影子，还有清晨的窗和阳光。

第 13 封信

郑旻学长：

回信晚了，真对不起。我刚从家回到北京，情绪就出了点状况，前几天一直躲在宿舍里哭，哭到室友都不敢把我一个人留在房间里。感情的事我一向都自作聪明，看一个个人笨手笨脚地闯进来，然后以各种方式逃之夭夭，早就已经习惯。可这次不知为什么，似乎是聪明反被聪明误，动了真感情，结果却把自己弄得抑郁了。我在暗夜里哭到最伤心的时候，正好看到你拍的黎明和阳光，眼泪居然就停了。真心谢谢你，让我在精神崩溃的边缘，向后退了一步。今天下午终于把自己赶出门，吃了顿学校食堂的饭，在湖边晒了晒太阳，感觉好多了。

麦宜生的研究听上去很有意思呀，想不到一个外国人居然那么早就做了关于中国律师的问卷调查，真是让人汗颜。不过呢，他的结论西方人听上去或许很新鲜，但在国内似乎是常识吧？我觉得，更值得做实证研究的是体制内的法官、检察官乃至警察，既然刑事辩护律师的工作有这么多困难和风险，那么就更要认真分析在刑事程序中真正掌握权力的公检法机关。

不过，目前为止对公检法机关的实证研究好像还不多，我知道的大多是左卫民老师和他的几个得意门生做的，以宏观统计数据分析为主，没有像研究律师的文献里那种深入访谈和民族志研究。当然还有一些刑诉法学者做的关于刑诉法改革的所谓"试点"实证研究，但恕我直言，水平实在不敢恭维，基本都是结论先行，方法一塌糊涂，连我这个刚入门的社会科学爱好者都能看出问题来。我不知道这是因为进入法院、检察院比进入律师事务所更难，还是因为学者们的兴趣过分集中于诉讼法、刑法、民法这些部门法领域的具体问题了。可惜中国不像很多大陆法系国家那样有宪法法院，不然我这个学宪法的，肯定要想方设法混进去把它研究清楚。

唉，你看我，原本心情很差，一给你写信就像支吹满了气的气球，口气越来越大。倘若真像你说的，连身在海外、著作等身的你都触不到尊严的影子，那我这支漫天乱飘的气球，真不知还能飘多久，什么时候会被人戳破。这种不安定的感觉好可怕，无论是学业上还是感情上，我好想快点毕业，找个自己喜欢的南方城市安顿下来，再也不流浪。

第 14 封信

杜荔学妹：

抱歉在你感情如此波折的时候打扰，你如果心情太差的话，不必急着回信。我虽然不太能切身体会你现在的感受，但至少愿意倾听，而倘若这些来自大洋彼岸的文字真能有止泪的神奇功效，那我多写一点也无妨。

说到不安定的感觉，这简直就是年轻学者在博士阶段的常态啊！我当年写博士论文的时候，经常会有莫名的死亡恐惧，觉得如果万一哪天出门被车撞死了，那六七年的心血都会毁于一旦，真是件可怕的事。不少在海外留学的博士生在毕业前一两年感情、家庭等方面都会出问题，生活不安定、对未来没有预期是个很重要的原因。我想你人在国内，身边毕竟还有亲人和朋友，有这个保护体系在，即使天塌下来也还有人帮你顶着呢。而我们这些身在异乡的人，除了自己，几乎没人可以依靠。无论如何，希望你能尽快好起来，相信我，最多再过两三年，一切都会有着落的。

关于法官和检察官的实证研究，其实在世界范围内做得都不多，研究警察的倒是不少，但主要是从犯罪学和刑事司法的角度切入，把警察作为像律师、法官一样的职业来研究的却凤毛麟角。我比较欣赏的一本书，是在普林斯顿高等研究院任教的法国人类学家法桑（Didier Fassin）写的关于法国城市警察的民族志，他在巴黎的一个大区花了 15 个月来追踪当地警察的巡逻过程，观察警察在日常工作中如何对待少数族群青少年、无身份移民等弱势群体，并以执法的名义塑造了社会秩序中的种族歧视、隔离与污名化、边缘化等现象。美国社会学界也有大量关于警察执法的民族志研究，但主要集中于对黑人等少数族裔的种族歧视问题，对警察这个职业本身的社会性特征反而没有很深入的分析和理解。

研究法官和检察官有一些实际的困难，国外也存在。首先，这两个职业都处于国家体制之内，正如你所说的，对实证研究人员而言，进"衙门"比进律师事务所更难。"门难进、脸难看"不只是老百姓在某些政府机关的遭遇，用来描述我们这些学者对检察院、法院进行法律实证研究时的遭遇，也颇为形象。其次，衙门里还有许多等级，基层法院的法官比高级法院的更容易接触到，法官、检察官的级别越高，实证研究的难度也就越大。这就是为什么美国法律社会学界关于法院最好的实证研究几乎都是在低级别法院做出来的，比如梅丽的经典著作《诉讼的话语》（*Getting Justice and Getting Even*），研究的就是麻省两个基层法院里当事人和法官的对话，从这些对话里发现劳工阶层的法律意识。

另外，即使费尽千辛万苦进了法院或检察院，能让研究者看到的东西也很有限。而且庭审只是诉讼过程中的一个环节而已，庭审之外发生的事情，比如法官和律师在办公室里的沟通，或者当事人之间调解的过程，更不太容易看到。因此，研究者在法院或检察院所能收集到的数据信息往往是残缺不全的，想采用和在律师事务所里参与观察类似的研究方法，难度很大。

目前比较出色的关于中国法院和法官的实证研究，是贺欣与吴贵亨（Kwai Hang Ng）合作的一系列英文文章，后来被收入了《嵌入式法院》（*Embedded Courts*）这本专著。他们不但做了对法官和当事人的深入访谈，而且还参与观察了离婚等民事案件的调解过程，并对其做了类似于梅丽和西尔贝等阿默斯特学派学者所擅长的话语分析。另外，郑春燕、艾佳慧两位女性法学家也曾通过深入访谈的方法，对浙江、安徽、四川、江苏、天津五个省市女法官的生存状况和职业生涯进行了较为深入的实证研究，也值得一读。可惜这些对法院的质性研究大都是用英文发表的，中文学界对法院和法官的研究，反而是以量化研究为主，你提到的左卫民等学者的研究就是代表，最近几年还出现了不少用中国裁判文书网的司法判决做的所谓"大数据"分析。

我想这一方面体现出国内学界对质性研究方法相对陌生，不少没怎么受过社会科学训练的法学家都把实证研究等同于量化研究，另一方面或许也是因为将访谈、参与观察等方法用在司法机关还是有些敏感，用看似客观的数字来说话反而更安全。至于你提到的那些关于刑诉法改革的"试点"研究，基本上是采用了美国维拉研究所（Vera Institute）的一套专门为了影响世界各国刑事司法改革而发展出的实证研究方法，看似很科学，但研究的目的其实并不是了解当地刑事司法的运作状况，而是为了以国外制度为模板来推动立法和司法变革。从社会科学学术研究的视角来看，这当然是本末倒置了。

这几天偶感风寒，今天下午一直在发烧，刚才喝了好多热水又昏睡了一阵，醒来时大汗淋漓，才感觉好些了。以前有人告诉我说，发烧其实不是坏事，是身体的一种自我调节机制，我想你的眼泪或许也是如此吧。不要灰心丧气，倘若你真是支气球，那在天上飘的这些时刻，就是最美好的。

第 15 封信

郑旻学长：

　　谢谢你的关心和鼓励。我这两天还是完全没力气，手上的论文根本写不下去，也不敢在学院里出现，生怕被导师撞见，不知如何交代。真希望你说得对，眼泪只是自我调节机制，泪流干了，病也就好了。感情固然美好，却又如此虚幻、如此脆弱，甚至会由爱生恨，生长出阴暗的东西。我每天就浸泡在这些情绪里，没发烧也没感冒，却真切地感到自己病倒了，怎么也爬不起来。

　　你说的死亡恐惧我倒是还没有过，也许是从没像你那样在自己的博士论文里倾注那么多心血吧。其实我内心深处对学术研究一直是有些蔑视的，觉得学者花那么多时间写那么多字，却无法直接为这个国家、这块土地带来贡献，真正能看得懂且欣赏的知音也并没有几个。而且学术语言实在太严肃和晦涩了，有时甚至是丑陋，还不如记者和政客的声音有力量。所以就算自己已经成了个女博士，成了所谓的"剩女"和"第三种人"，我也始终认为学术研究无法定义我，我和我的文字是要与更多的人对话的，是为了给人力量和温暖而生的。至于博士论文，只是生命里的一段历程，经过了、体验了，也就足够。

国内关于法院的量化研究比较多，这个现象我也注意到了，不过这似乎是最近几年的事吧，倒退十几年的话，大家都还捧着《送法下乡》津津乐道呢。那么我的问题是，究竟是什么导致了这个从法律人类学的民族志方法到量化研究方法的转变？是因为裁判文书网的横空出世？还是因为网络时代"大数据"研究的兴起？或者是年轻一代的法学家们比前辈们更懂量化方法了？你说的实证数据难获得，是否也从另一方面导致了学者们更愿意收集宏观量化数据呢？

前几天我还收到了某知名法学院发过来的一个通知，说是要开一个关于"数据法学"的研讨会，请大家提交论文，尤其欢迎基于中国裁判文书网相关数据的论文。连我这个不怎么识数的文科生，看了都有些蠢蠢欲动，隐约觉得这或许才是法律实证研究的未来趋势。你说过自己对量化研究有偏见，但这种基于"大数据"的司法判决研究，似乎和传统上基于因果变量、回归分析的量化研究又不太一样，不知你怎么看呢？我想无论如何，以上百万份司法判决的文本为基础，总还是能得出些有趣的发现来吧。

贺欣和吴贵亨的研究我以前上课也读过一些呢！如你所言，他们主要关注的是调解的话语和策略，但贺欣老师也写过关于审判委员会的文章，说这个制度就像一个"黑洞"，让司法责任在其中被推来搡去，最终不知道由谁负责。另外他还有篇很好玩的文章，写上海的法院里"重复诉讼人"（repeat player）相对于"一次性诉讼人"（one-shotter）的优势，如果我没理解错的话，意思是说经常打官司的人会更容易胜诉，比如政府机关和企业，而平时不怎么打官司的人的胜诉率就低很多，好像是检验了一个法律社会学的经典理论，但具体是什么我记不太清楚了。

你提到的关于女法官的研究我倒还没读过，从性别的角度研究司法，是个新思路呀。我一直自认是个女性主义者，觉得性别平等虽然道理很明白，但人类社会归根结底主要还是个父权社会，女性在职场上处处受限，在家庭里也承担了太多责任，我想女法官也不会例外吧？你看燕大法学院每年本科生有六七成都是女生，但毕业后从事律师、法官、检察官等专业工作的女性比例却并没有那么高，我身边的不少女同学都进了银行或政府机关，原因主要是职位和收入比较稳定、利于结婚生子之类的。有时我也会想，这种职场生涯的性别分化究竟是社会结构的大环境使然，还是个人选择的结果呢？

我从大学本科接触女性主义思想开始，就一直在与这个父权主导的社会制度进行着各种或明或暗的斗争。几年前原本有个很好的工作机会，但实在受不了单位里等级、圈子的氛围，以及某些异性对衣着、样貌等评价中透露的油腻，最终决定放弃了来读博士，也和心中的女性主义理想有关。结果发现，所谓的学术圈仍是父权社会的缩影，女学者身在其中，时不时会感觉自己像个花瓶。但我想用自己的学术生涯告诉身边的所有男性，我不是花瓶，而是和你们一样，可以用自己的文字而不是脸蛋来打动别人，可以自由地、有尊严地活在这个世界里，活出最灿烂的样子。

写到这里，本该浑身充满力量的，却还是没力气。原本想新年里可以少流些眼泪，可现在却如此不堪，每天哭得撕心裂肺、活得苟延残喘，只能用这些和你的往来文字作一点慰藉。希望你早点退烧、早日康复，至于我，恐怕要在原地卧倒很久之后，才能站起来。

第 16 封信

杜荔学妹：

撕心裂肺的感觉，我也曾有过，被爱击中的人，就与平静无关了，整个生命都会被占据，时而抓狂、时而哀伤，无助地躺在地上，盯着天花板体验绝望。可感情也是件奇怪的事，有时来如山倒去如抽丝，有时却正相反，一番死去活来之后，居然可以轻轻放下，然后带着伤痕独自往前走。我不知道你现在的状况如何，倘若暂时爬不起来的话，就干脆继续躺一下，看窗外的蓝天，听早春的鸟鸣，除了感情和学术之外，我们的生命里还有许多美好的东西。

你提了几个很大的问题，我慢慢回答。大数据的兴起对法学研究的影响显而易见，尤其是有了中国裁判文书网之后，学者们至少"有米下锅"了，和从前根本看不到司法判决的状况相比，无疑是巨大的进步。但要搞所谓"数据法学"，有几个根本性困难。首先是数据残缺，并非所有司法判决都会上裁判文书网，近几年上网的案件数量已经明显减少，而且各种类型的案件上网的比例也差别很大，比如刑事案件、行政案件的比例较低，而相对不太敏感的案件类型则比例更高，此外还有地域差异、法院级别差异等。所以总体来看，在全国所有司法判决中，能在裁判文书网上看到的判决并不是一个有代表性的样本。即使只对其中某一种类型的案件进行分析，也无法彻底解决代表性问题，除非司法机关对不上网案件的类型和原因有明确的统计和说明。也就是说，虽然现在暂时有了米下锅，但这些米并没那么容易掏干净，不干不净的米，即使煮熟了，吃了也还是会闹肚子的。

更重要的问题是，司法判决书只是司法案件诸多法律文书中的一个，虽然或许是最具权威性的一个，但仅从判决书入手，并不能将案件的全貌呈现出来，许多关于案件事实和法律问题的重要证据和辩论都会在判决书中被省略掉或者一笔带过。就算仅从量化研究的角度讲，只有判决书的话，即使样本再大，也不容易用统计方法进行复杂的回归分析，数据分析大多只能停留在描述性分析上。另外"数据法学"还有一个潜在危险，就是对大数据的顶礼膜拜会将深入访谈、参与观察等传统的法律实证研究方法逐渐边缘化，让本就不会做实证研究的法律人认为所谓实证研究就是坐在电脑前玩玩大数据而已，结果玩了半天也做不出什么像样的实证分析来，只会让做法教义学研究的学者们笑话。

贺欣关于审判委员会的研究，以及近年来刘忠、王伦刚、李雨峰等国内学者的相关实证研究，恰恰是对用大数据来研究司法制度的最好回应。这些研究并不注重案件数量，而是从一个或几个基层法院入手，通过对审判委员会的参与观察或者会议笔录的质性分析，将这个中国司法制度中最不为人知的决策过程相对完整地呈现出来。比如王伦刚对于我国某基层法院的实证研究，就揭示出审判委员会处理存在外部政治社会压力案件时的决策方式，即在政治、社会、法律因素之间"三向考量，协调平衡"的合法化过程。这样的实证研究，是不是比那些用大数据做几个柱形图或饼状图就浅尝辄止的量化研究更深入也更有价值呢？归根结底，实证研究不仅要"有米下锅"，更要学会"炒菜"，也就是有好的问题意识与有效的数据收集和分析方法，而中国法学的大数据分析目前还只处于有米但没有"巧妇"也不会"炒菜"的初级阶段，所以做出来的都是没什么味道的"白米饭"，甚至成了"画饼充饥"。

再说说女性主义吧。说来惭愧，我虽然在美国社会学界混迹十多年，像吸二手烟一样受了不少性别研究的熏陶，但始终摆脱不了自己的男性视角，觉得女性主义者们有时太过极端，要把一切社会秩序都颠倒过来。自由和尊严固然重要，但其实她们追求的最根本价值是平等，而究竟什么是男女平等呢？

以那篇关于女法官的文章为例，男女法官之间在晋升机会上的不平等显而易见，法院的中层干部女性不少，但进入领导层的女性就凤毛麟角了。文中的分析表明，法官在法院系统内部的晋升有两条路径，一条是专业路径，考量的是法官的工作绩效，另一条是政治路径，起作用的是法官与法院领导和上级机关的关系。

这有点像王禄生在另一篇关于法官选任的文章里所说的"赛马"与"相马",在选拔科级以下干部(如基层法院的庭长和副庭长)时,主要靠专业路径,而在选拔处级以上干部(如基层法院的院长或者中级法院的庭长)时,则主要靠政治路径。一个有趣的现象是,女法官在专业路径选拔中升职机会并不低于男法官,在政治路径选拔中升职机会却明显低于男法官。换句话说,法院系统中的确存在性别不平等问题,而问题的根源是社会关系等因素介入了法官晋升机制。女法官们往往因为要照顾家庭、不习惯参与男性主导的社交活动、与男性领导之间要避嫌等原因无法得到上级领导的青睐,因此一旦进入晋升机制的政治路径,较男法官而言就明显处于劣势了。

这到底说明了什么呢?女性主义者们或许会说,这不就是我们奔走呼号了几十年的"玻璃天花板"问题吗?但我想说的是,司法体制乃至整个科层体制中性别玻璃天花板的成因,不只是男性官员对女性的性别歧视,而是在制度设计上就造成了女性没有和男性平等的竞争机会,久而久之,也就加剧了女法官在干部选拔中的边缘化地位,甚至导致很多女性知难而退,把更多的精力放在相夫教子上了。所以,你说的女性主义者要打破结构性约束,完全没有错,但究竟如何打破,恐怕不是自由和尊严那么简单,即使每个女学者都不愿做花瓶,每个女法官都不甘于相夫教子,即使"米兔"(MeToo)运动再风起云涌,如果这些制度不改变,恐怕也不会有什么实质效果。而改变制度的前提,是理解其运作的逻辑与秩序，然后才能有的放矢。

写得有点多了。至于"重复诉讼人"和"一次性诉讼人"的区分，这是美国法律社会学最经典的一个理论，是这个领域的创始人之一格兰特（Marc Galanter）在 1974 年的一篇文章中提出的，四十多年来经久不衰。不过关于这个理论有很多故事，不是几句话就能讲清楚的，不妨下一封信再详细谈。

我的感冒已经快好了，只是还有些咳嗽，芝加哥的三月很难熬，明明已经立春，却完全没有春的希望，城市里唯一的花，是漫天的雪花。我每天走在雪地和冷空气里，有时会哼些小时候就印在心底的歌，张楚有句歌词我一直很喜欢——"天空的飞鸟总让我张望，它只感到冷暖没有重量"——和这封信一起送给你，站不起来的话，就干脆做一只没有重量的飞鸟吧。

第 17 封信

郑旻学长：

读你写的这些情感，感觉怪怪的——在我从前的想象里，你一直是个遥不可及的传说，没有血肉和感情的那种，有点像……博物馆里的雕塑！可我要承认，你写的每个字都如此陌生，却又似曾相识。我现在哪来的力气做飞鸟呢？就算真是只鸟，也是断了翅膀的那种，只能自己养伤。而伤究竟是什么？是止不住的眼泪，还是抚不平的心绪？或者，是穿透四季的一丝寒意？不过，北京倒是已经立了春，窗外会有鸟鸣，早春的花骨朵也快要开了。想想你还在地球另一端的冰天雪地里挣扎，还真有点可怜呢。

你对数据法学的批评不无道理，但人家毕竟是个刚出生的婴儿，就算有些先天不足，也该多呵护一下呀。你这么一棒子打死，我觉得不太好。况且，你说的数据代表性问题总还是有解决办法吧，比如全国性的数据没有代表性，可以选几个省市来看，有些案件类型上网比例低，可以选那些比例高的类型来分析。社会科学研究的数据本就不可能像自然科学那样完美，残缺不应该是常态吗?

你说判决书只是法律文书的冰山一角,这的确是个问题,但你提到的关于审判委员会的实证研究,我去读了一下,使用的也只是审委会的会议记录,这不也是冰山一角吗?那些会议上讨论了却没有被记录下来的内容等也都是缺失的。如果对同一地区、同一类案件甚至同一个法官审判的案件的样本足够大,我想还是能做出不少有趣的研究。借用你的"淘米"比喻,如果整整一大袋米淘不干净的话,那我们先用手抓一小把米,是否会容易些?

至于大数据的兴起会不会让做法律实证研究的学者变懒呢?这个我看还是取决于研究者自身吧,不喜欢做田野调查的人,没有大数据他也不会去,而爱做的人,即使有了大数据也一样会去。你看我就是个懒人,现在又没什么力气,宅在宿舍里分析一下裁判文书网案件中所涉及的宪法问题,看看在没有司法审查的前提下,哪些宪法条文在司法判决中被引用了,我想总比解读那些空洞的宪法条文要更有趣些。

看了你的信之后,我把那篇关于女法官职业生涯的英文文章找来读了,写得蛮工整的,但这根本不是女性主义的思路嘛,只是把女性放在司法和科层体制里与男性比较了一下,然后讲讲女性在哪些方面吃亏,为什么吃亏……那么我要问,女法官除了受到你说的各种制度结构性约束之外,在日常司法工作中的为人处事和男法官到底有什么区别?女性法律人在司法决策时是否也和男性有所不同?如果有的话,怎样才能把女性所特有的优势在司法工作中发挥出来呢？总把女性看成性别社会结构中的弱势群体，然后告诉她们这个世界就是如此不公平，对改善性别不平等问题真的有帮助吗？制度当然需要改变，但对女法官、女律师、女学生们的意识启蒙也同样重要，"米兔"运动的价值正在于此。偌大一个中国，连数据法学都有了，却还没有女性主义法学的影子，这是不对的！

　　写到这里，真都有抛弃宪法去搞女性主义法学的冲动了。不过作为一个女博士生，本来就要忍受很多不怀好意的眼光，倘若再去研究这么"旁门左道"的东西，恐怕会永远找不到工作了。有时真觉得学术是一件表面上清高实际上却很功利的事，它的功利性会不知不觉间一点一点渗透到你的脑子里，让我们离自己追求的那些纯粹的东西渐行渐远。唉，这么说来，其实和感情也差不多啦，比如爱情——刚爱上的时候一切都纯洁美好，可到后来就会被各种细节琐事折磨得无所适从，最终或许只能离开。真羡慕那些幸运的人，可以遇到真爱、从一而终，学术和爱情，都不过如此。

　　不写了，眼泪又开始掉下来，我还是一个人去哭一下吧。祝你每天温暖、平安。

第 18 封信

杜荔学妹：

　　不要哭啦。我从小就对女生的眼泪很没办法，可自己又像只刺猬，总会无意间刺到别人，所以也不知该如何劝你好。你说爱情和学术一样，似乎也不全对，爱情来来去去，分分合合，现在连婚姻也是，结了婚还可以离，但学术作品发表了就一直在那里了。博士学位也是一个永久性地位，一旦取得了，永远都是你的，除非论文造假，否则谁也拿不走。所以，希望你不要灰心，做学问是一生的事业，需要特别多的坚韧和忍耐，要耐得住寂寞才好。多年前有位老师曾对我说过，最重要的一件事，是要培养学生和书之间的亲近感，你之前的信里提到"书中自有颜如玉"，其实仔细体会一下，是很有道理的一句话。

　　数据法学的问题，你说得没错，我的确从心里反感那种坐在家里玩大数据的实证研究，这或许是门户之见，但更是因为我很担忧中国法学还没学会做田野调查就先被大数据冲昏了头脑，然后再把法律实证研究等同于量化研究，那样就真的本末倒置了。

归根结底，科技创新可以改变我们的生活，当然也会改变学术研究的许多方面，但作为一个社会科学研究者，最基本的理论视角和研究方法，其实在过去一百多年来并没什么根本性变化，质性研究尤其如此。比如华中村治研究在 21 世纪初研究中国农村的方法，和社会学的芝加哥学派在 20 世纪初研究美国城市的方法，其实都是最经典的民族志，把学生派到各个社区或村落里，观察和参与当地人的生活。我想再过几十年，即使每个社区都装了许多摄像头，即使人工智能渗入了基层治理，即使网络虚拟空间主宰了每个人的生活，这种以人与人之间互动为基础的研究也是无法取代的。

和女生辩论女性问题，我是不是该直接甘拜下风呢？你的思路其实和美国女性主义法学的传统观点十分相近，也就是认为仅仅追求性别平等还不够，而是要认可女性法律人有其独特的司法风格，即所谓"女性司法"（female judging）或"女性主义司法"（feminist judging）。女性主义启蒙当然很重要，尤其是在中国这样的父权社会，不过是否真的有所谓"女性主义司法"呢？而推动女性主义司法又是否真的有利于提高女性在司法体制中的地位呢？学界对此似乎并没有定论。我之所以说有"米兔"还不够，还要改变科层制中的干部选拔制度，说到底是觉得任何一种性别文化都是由制度来支撑的，而文化和制度有点像"鸡生蛋、蛋生鸡"的关系，改变哪个都不容易，但如果只注重一方面而忽视另一方面的话，恐怕不太可能成功。

　　上次答应你有空详细解释一下格兰特的那个关于"重复诉讼人"和"一次性诉讼人"的经典理论，我现在被一场大雪困在了机场候机室里，正好慢慢讲。这个理论被很多人视为美国法律社会学最具跨学科、跨国界影响力的理论，一个重要的原因，就是它与司法过程中的不平等问题息息相关。但这里的不平等不是男女之间的，而是经常去法院打官司的"重复诉讼人"和很少去法院的"一次性诉讼人"之间的。重复诉讼人既包括个人，也包括企业和政府机关等组织，比如麦当劳、星巴克这样的全球连锁企业，每年不知道要被消费者告上多少次。

　　格兰特认为，重复诉讼人在司法过程中经常处于优势地位，因为他们不但有更多的关系和资源，比如可以请更好的律师，或者更擅长与法官沟通，而且可以对诉讼有更好的预期，面对多个案件时，可以把优势资源集中在更重要的案件里，正所谓"好钢用在刀刃上"，个别小案子输了没关系，确保大案、要案能赢就好。长远来看，重复诉讼人甚至可以通过诉讼来改变规则，让法律变得对自己更有利。相比之下，一次性诉讼人——大多是不熟悉法律的普通老百姓——就没有这么游刃有余了，连请律师都不知道去哪里找，上了法庭也不会说法言法语，而且打官司就是"一锤子买卖"，一个案子输了的话，就再没机会了。

　　通过这个基本分类，格兰特把法律社会学的关注点从规则、法院和律师转移到了诉讼人，而且进一步发展出了一系列假说，比如重复诉讼人之间的纠纷一般不会上法院，因为双方都有很多用其他方式解决纠纷的渠道和资源，而一次性诉讼人之间的纠纷一般也不会上法院，因为双方都没什么资源，上了法院多半是两败俱伤。通过正式司法程序来解决的纠纷，大多数是重复诉讼人告一次性诉讼人，比如检察官起诉犯罪嫌疑人，税务局起诉逃税人，银行起诉债务人等，因为这类案件中原告往往优势很明显，对胜诉有更好的预期。

另外，这两种诉讼人请的律师也不一样，给重复诉讼人提供服务的往往都是商务律师，大公司内部还会有企业法务人员，政府里也有检察官和政府律师，而给一次性诉讼人服务的律师则是离婚律师、刑辩律师、法律援助律师等。这听上去有点像我以前提到过的"两个半球"理论，但格兰特这篇文章在 1974 年发表的时候，芝加哥律师的第一次问卷调查都还没发放呢。而且格兰特认为，律师业的分化不只是根据客户类型，也会受律师所从事的法律领域的影响，比如知识产权律师或破产法律师，无论是代表原告还是被告，都没太大差别。

这篇文章发表之后，成了美国法律社会学的开山之作，后来被学者们在各种不同法院、国家和法系反复检验，包括贺欣关于上海法院的研究，几乎都验证了格兰特的理论假说。不过，还有个小故事想告诉你，就是这篇文章的初稿其实格兰特在 1970 年就写出来了，开始先投给了几个法学和政治学期刊，结果全部被拒，因为编辑们认为，文章里写的只不过是一些理论"推测"（speculations）而已，完全没有实证基础。最后，格兰特迫不得已把文章偷偷塞进了自己负责编辑的《法律与社会评论》(*Law & Society Review*) 的一个特辑里，这个期刊现在是美国法律社会学的顶级刊物了，但当时才创刊没几年，在学界也没什么影响力。过了十多年之后，格兰特在某个会议上碰到了一位曾担任某法学期刊学生编辑的法学教授，这位教授很激动地告诉格兰特自己有多么喜欢这篇文章，每年上课都给学生讲。然后呢，格兰特就很谦虚地提醒他，其实当年这篇文章曾经被他编辑的那个刊物拒掉过……

每次讲起这个故事，我都特别感慨，做学问真的是几十年的马拉松，许多最有创造性和颠覆性的学术研究，反而不容易发表，也往往需要更长的时间才能得到学界的认可。如果把格兰特这篇文章投给今天的《法律与社会评论》的话，我估计十有八九也发表不了，因为这个期刊也早就制度化了，只爱发那些研究问题很主流、实证数据很扎实却没太多理论创新的文章，文章的结构和行文风格也十分僵化，颇有些"八股文"的意思。我真的不知道，现如今这个看似繁荣的学术生产市场，除了不断自我繁殖之外，到底还为那些恃才傲物的学者和剑走偏锋的文字留下了多少生存空间呢？

我终于要登机了，就先写到这里吧。希望收到你下一封信时，里面的文字不再是湿漉漉的。

第 19 封信

郑旻学长：

看你在机场写这么长的信，心里悄悄地感动了一下，然后就想象你站在候机室窗前看雪的样子，画面有点像韩剧里的男主角，或许在思念着远方触不到的恋人——我胡言乱语一下，不要见怪哦。我的眼泪并没有变少，也还是没办法静下心来写论文，不过既然你不要读湿漉漉的信，那我就勉为其难，故作坚强一会儿吧。

谢谢你给我讲格兰特的故事，没想到这么经典的文章，发表过程竟也如此曲折，那我这个小小博士生的论文总是被拒稿，也就没什么可抱怨的了。看来做跨学科研究是件风险很高的事，夹在法学和社会科学之间"里外不是人"，写出文章来各个学科看着都不顺眼，想想就难受。可话说回来，法律社会学这个交叉学科领域，经过了格兰特等学者们几十年的努力，不也在美国学界占据了一席之地吗？国内的"社科法学"，近年来也在蓬勃发展呢。我觉得，一个学者如果不坚持做有创造性和颠覆性的研究，那还不如去干点挣钱、当官之类的俗事呢。

　　不过，所谓"重复诉讼人"和"一次性诉讼人"的说法，其实有点故弄玄虚，格兰特要讲的意思，不就是上法院打官司和去商场购物、去政府机关办事也差不多，去得多了就会轻车熟路，没去过的就会找不到北，对吗？真正有趣的，是司法过程把这两种人作为原告和被告对立起来，于是才能看出什么纠纷更容易诉诸司法程序，什么纠纷更容易庭外和解。另外，重复诉讼人也未必就一定有更多资源、能请更好的律师吧？比如我要是个刑事惯犯，隔三岔五就被逮捕、被起诉，那不也算是重复诉讼人吗？可这样的惯犯，连律师恐怕都未必请得起。这当然是个有点极端的例子，但把重复诉讼人等同于有钱有资源的诉讼人，好像不太对哦。再举个国内的例子，有些"老上访户"日复一日、年复一年地与法院和信访部门打交道，是不是也算是重复诉讼人了呢？可他们或许是最缺乏资源的诉讼参与人吧。

　　重复诉讼人之间和一次性诉讼人之间的纠纷都不容易上法院解决，而前者告后者则更容易进入司法程序，这个听上去倒是蛮有道理的，不过假说终究只是假说而已，如果只有一个 2×2 的分析框架，却不知道纠纷是如何转化为司法案件的，似乎也还是没把道理讲透。没准那些法学期刊的学生编辑们也是这么想的，所以才把文章拒掉的呢。你说这篇文章在今天的《法律与社会评论》也发表不了，我觉得很正常啊，我有时在中国期刊网翻翻 20 世纪80 年代或者 90 年代的文章，也感觉怎么写得这么随便，完全不符合今天的学术规范，有的连注释体例都搞不好。或许每个时代都有自己的学术风格和标准吧，就像流行歌曲一样，所谓经典，都是时间沉淀下来的。

最后忍不住说一句你的坏话——你嘴上说支持女性主义，可字里行间透出来的都是"直男癌"症状嘛，什么和女生辩论要直接甘拜下风，什么推动女性主义司法不一定能提高女性在司法体制中的地位，实则还是将女性放在应被保护的客体地位。要谈女性问题，我们就来平等地辩论，不要表面上退避三舍，心里其实还是男权至上。要都像你这样的话，男女平等怕是永远没有可能性。

唉，你看我，写着写着就又有情绪了，真抱歉。我很没出息地又联想到了我的感情状况，在这方面我似乎也是个没什么优势的"重复诉讼人"呢。

不能再继续说了，坚强也是有限度的……就写到这里吧。

第 20 封信

杜荔学妹：

　　读到你的信时，我已经回到芝加哥的公寓里，在黎明的第一丝光线里醒来，面对着窗外尚未忙碌起来的城市，有一种久违的安全感。我从不看什么日剧、韩剧，可你想象中我在机场的那个场景实在太荒谬，让人哭笑不得。什么远方触不到的恋人，我有的只是日常琐碎的生活和工作而已，每天感受着时间无情的流淌，消磨着奄奄一息的灵魂。

　　你说我是"直男癌"，说得没错啊，我多年来一直试图用女性主义视角来改变自己，可这"癌"是个绝症，除非有一天变了性，否则彻底摆脱男性的位置和立场，恐怕不太可能。记得许多年前看《天龙八部》，里面有句话说"非我族类，其心必异"，不知为什么，我对这句话印象一直很深。后来我查了一下，原始出处是《左传》，其中的"族"说的不是民族，而是家族，但其实这句话中的道理，用在种族、性别、阶级等社会学基本概念上，都讲得通。指望男性和女性一样理解和实践女性主义，本身就是不切实际的，能有追求男女平等的共识，已经很不容易了。所以我们还是求同存异吧，我退避三舍，你非要追杀过来的话，那我也不设防。

看你连讨论"重复诉讼人"都能联系到自己的感情经历，真是伤得不轻呢。其实法律社会学里关于受伤也有个经典理论，叫作"命名、归咎、索赔"，英文原文是"naming, blaming, claiming"，读起来朗朗上口。和格兰特的理论一样，这个理论也是关于纠纷解决的，不过它关注的重点不是法院，而是一个纠纷如何形成并进入司法过程。这篇文章发表在 1980 年的《法律与社会评论》上，三位作者费斯蒂纳尔（William L. F. Felstiner）、埃贝尔（Richard L. Abel）、萨拉（Austin Sarat）后来都成了美国法律社会学的传奇人物。他们认为，纠纷（disputes）并不是天然存在的，而是反应性的（reactive），有一个形成和转化的过程，最终进入司法程序的纠纷只是社会上发生的所有伤害和冲突的冰山一角——这就是所谓的"纠纷金字塔"（dispute pyramid），只有处于塔尖的那些纠纷才会进入法院形成诉讼。

那么，一个纠纷如何到达金字塔的塔尖呢？要经过三个步骤：命名、归咎、索赔。"命名"（naming）是指有受伤经验的人首先要意识到自己受到了伤害，也就是从"无意识的受伤经验"转化为"有意识的受伤经验"。举个例子来说，一位妈妈买了三鹿奶粉给自己的孩子喝，开始没什么反应，过了一段时间之后孩子开始出现不适症状，去医院检查之后才发现得了肾结石。在诊断之前，孩子的身体已经受到了伤害，但他自己和妈妈都不知情，这就是所谓无意识的受伤经验，而诊断出肾结石之后，则转化成了有意识的受伤经验，这个过程就是对伤害"命名"的过程。

"归咎"（blaming）是指对伤害命名之后，还要把伤害的责任归于其他个人或社会实体，这样"有意识的受伤经验"就转化成了"怨恨"（grievance），也就是说，受伤的人要意识到，自己所受的伤害不是咎由自取，而是由他人的行为造成的。继续用奶粉事件来举例，孩子诊断出肾结石并不一定会产生怨恨，只有当这位妈妈得知肾结石是奶粉中所含的三聚氰胺造成的，才会对生产奶粉的三鹿集团产生怨恨，并有可能进一步产生索赔的想法。

"索赔"（claiming）是指有怨恨的人向被认为应当负责任的个人或社会实体表达怨恨并要求得到救济，而一旦这个要求被对方拒绝，纠纷就形成了。拒绝不一定需要口头或书面表达，对索赔的拖延也可以被视为一种拒绝。比如，三鹿集团如果积极回应并满足了那位妈妈的索赔要求，那么纠纷就不会进入司法过程，而如果拒绝或消极回避这一要求，那么纠纷就可能被诉诸法律。所以说，纠纷其实是通过这个"命名—归咎—索赔"的转化过程被建构出来的，要想真正理解纠纷解决，不能只把目光集中在法院，而是要探究在纠纷形成的过程中到底发生了什么。

讲了这么多纠纷的转变过程，现在让我来回应一下你对格兰特的批评。你说重复诉讼人和一次性诉讼人的分析框架无法解释纠纷如何转化为司法案件，这个没有错，但在同一学术传统下发展出来的纠纷金字塔理论恰恰回应了这个问题。为什么原告方是一次性诉讼人的纠纷大多不会进入司法程序？正是因为他们在命名、归咎、索赔三个步骤中都会遇到各种困难，许多伤害和冲突在转化为纠纷之前就被埋在纠纷金字塔里了。而反观重复诉讼人，命名、归咎、索赔对他们而言都是轻车熟路，比如税务局告偷税漏税的人，银行告信用卡欠款的人，或者饭店告损坏财物的人等。而你的另一个批评我非常赞同，也就是重复诉讼人并不一定等同于掌握财富和资源的人，格兰特的这个概念，有混淆二者之嫌。不过话说回来，如果从统计概率上讲，你提到的刑事惯犯和老上访户，都是很特殊的情况，大多数时候，重复诉讼人还是要比一次性诉讼人更有资源，无论在哪个国家都一样。

　　最后真心谢谢你，忍着伤痛给我写了封干燥的信。记忆中北京的春天总是特别干燥，还会有沙尘暴。春雨贵如油，在这个灰色的城市里体现得淋漓尽致。想哭的时候就哭出来吧，即使没人怜惜，至少能滋润干涸的土地。而我脚下这美国中西部大农村的土地，依然被冰雪覆盖着，下雪时还略有美感，化雪的日子里，泥泞的街道总显得无比肮脏，让等春的人绝望。

第 21 封信

郑旻学长：

　　我真没出息，收到你的信，读着读着就哭了，好久都停不下来。你说你的灵魂被日常的琐碎消磨，而我连琐碎都没有，感觉整个世界都离开了，只留下我一个人舔着伤口，不知所措。作为一个南方人，漫漫冬日的绝望我当然懂，北方春天的干燥我也一直深受其害，连皮肤都不好了。

　　命名、归咎、索赔，这个理论我喜欢，用在理解情感伤害上，好像也颇有点解释力呢。每次分手之后，伤口割裂开，开始感到痛，却未必会怨恨对方，有时把伤痛命了名，然后就让时间一点一点冲淡，最后不了了之。而倘若真的由爱生恨，归咎于对方，又能怎么索赔呢？那些媒体上爆出来的"米兔"或是娱乐八卦，不过是两性关系的冰山一角而已。所以说，不只有"纠纷金字塔"，还有"情债金字塔"，而我可能也成了那个被埋进金字塔的木乃伊。

　　好啦，我抱怨完了，问你几个正经问题吧。首先，这个纠纷金字塔理论，好像比较适用于某些民事纠纷？你举的三鹿奶粉的例子是消费者权益案件，这类案件里命名、归咎、索赔的三个步骤很明显，但其他类型的纠纷就未必了。比如交通事故纠纷里，许多时候被撞伤的人马上就知道伤害是谁造成的，命名、归咎、索赔是同时发生的。而在婚姻家庭纠纷里，比如妻子发现丈夫出轨，命名和归咎也常常同时发生，至于是否索赔、如何索赔，那就要具体情况具体分析了。如果再考虑刑事案件的话，那就更复杂，发现犯罪行为是命名，锁定犯罪嫌疑人是归咎，对犯罪嫌疑人提起公诉或许也可以叫作索赔，可我为什么觉得有点怪怪的呢？这似乎只是把公安和检察机关的侦察和审查起诉工作换了种说法而已，并没有什么新的解释力。

还有一个问题，你上次讲律师的时候提到过麦宜生的研究，我后来就查了一下他的作品，发现他除了写中国律师业之外，还写过一篇关于中国农村"纠纷宝塔"（dispute pagoda）的文章，用的是人大社会学系 2002 年对六个省近三千户农民家庭的问卷调查数据，发表在了《美国社会学评论》（*American Sociological Review*）上，这应该是美国社会学的"顶刊"了吧？他这个"纠纷宝塔"理论，和你讲的"纠纷金字塔"似乎很像，如果我没理解错的话，意思是说我国农村的民事纠纷大多数都是通过双方和解、村干部调解等非正式渠道来解决的，只有极小一部分通过司法渠道解决。他还发现，和村干部或上级领导有关系的人比没有这些关系的人明显更多地会使用司法系统和律师来解决纠纷——这和格兰特的理论也有相似之处。那么我的问题是，"纠纷宝塔"和"纠纷金字塔"的区别究竟在哪里呢？难道只是因为中国语境而换了一个更加"东方"的修辞而已吗？

另外，这个纠纷金字塔理论和国内诉讼法学界所讨论的"非诉讼纠纷解决机制"（Alternative Dispute Resolution，简称ADR）有没有关系呢？我虽然不是学民诉的，但也曾读过一些范愉老师的文章，她认为人民调解等传统纠纷解决方式在法治现代化进程中并不会被正式司法程序所取代，而是反映了世界性的ADR潮流，将在中国纠纷解决机制的重构中扮演重要的角色。这个观点背后的理论逻辑，好像和格兰特他们说的意思差不多。不过，把"马锡五审判方式"这种看似很土的"本土资源"和ADR这么洋气的概念联系在一起，我总觉得有点别扭。在把调解率作为民事法官办案硬指标等现象层出不穷的法律制度里，还需要进一步强调非诉讼纠纷解决机制吗？

就提这么三个问题吧，我现在整个人能量还是很低，动脑子时间长了就会特别疲倦，所以我要去继续当木乃伊了。你刚回学校一定很忙，不必急着给我回信，等雪化干净些再说吧。

杜荔学妹：

雪终于化了，今天下午气温升到了零上五度，阳光也很好，我忍不住到密歇根湖边走了走。芝加哥是个风城，冬日里湖边的寒风尤其凛冽，有时感觉脸像被刀割一般，可不知为什么，今天看着湖面破冰后的波光粼粼，我能感到的只是疲倦和麻木。你说你像个木乃伊，那我又像什么呢？过去十几年里我花了许多功夫，想做个循规蹈矩的学者，一个可以正常生活的人，甚至有过成功了的幻觉，可直到今天，自己的精神世界还是一团糟，与年轻时的叛逆渐行渐远，却完全没有中年人稳健的成就感。或许我注定就是个游离的孤魂野鬼吧，木乃伊至少被安葬了，鬼魂却就在阴阳之间这么飘着，没有出路，看不见也摸不着。

你的三个问题，前两个都有点难，最后一个比较好回答。其实格兰特本来就是美国 ADR 运动的理论奠基人之一，所以他的理论和借鉴了 ADR 的国内学者的观点相似，是很正常的。至于非诉讼纠纷解决机制和"马锡五审判方式"是否异曲同工，我打个不太恰当的比方吧，这就好像许多西方发达国家近年来为了环保大力推广骑自行车出行，然后国内有人看到了，就说你看我们几十年来上下班一直是骑自行车的，就不必发展私家车了。骑自行车出行当然有许多好处，既保护了环境又锻炼了身体，但在我国高速城市化的社会背景下，如果以西方国家的所谓"先进经验"为理由来限制其他出行方式，那就有问题了。我国的司法政策一度片面强调调解优于判决，甚至出现了人民调解、行政调解和司法调解"三位一体"的所谓"大调解"，如果再拿 ADR 理论来支持这些法律实践的话，的确就变了味道，毕竟在中国的司法制度里，判决还未获得足够的公信力和权威。这其实也是很多学者对"本土资源"论的批评，中国的法制现代化才方兴未艾，就用后现代理论来进行解构和批判，是否也有不妥之处呢？

　　关于"纠纷宝塔"和"纠纷金字塔"的关系，如果我没理解错的话，麦宜生的意思是说，纠纷解决是有层级分化的，从下一层到上一层的转变不是自动发生，而是像爬宝塔一样，在中国农村的纠纷解决体系里，从一种纠纷解决方式转变为另一种方式（比如由村干部调解转变为上基层法院起诉）的过程取决于诸多社会因素，除了政治关系之外，还和地域有关。关于地域差异，他那篇文章有个挺有趣的发现，最频繁地使用法律渠道解决纠纷的省份并不在我们想象中的沿海发达地区，而是经济并不发达的河南，统计结果很显著，但却不太好解释。麦宜生试图用历史文化因素来解释这个现象，比如河南在多次自然灾害和疫情中都是重灾区，让当地人形成了对地方政府和干部的不信任，这就导致他们更倾向于通过法律渠道来解决纠纷。这个解释我觉得似乎不是很有说服力，也体现了问卷调查在方法论上的局限，也就是能发现有趣的经验现象，却未必能提出有力的解释，因为在纠纷解决过程中到底发生了什么，我们并不知道。

好像扯远了。回到"宝塔"和"金字塔"的区别，其实两个比喻都很形象，金字塔强调的是到达塔尖（进入法院）的纠纷占所有纠纷的比例之小，而宝塔强调的则是从一层跳到另一层的过程。但从本质上讲，两个概念其实说的是同一个意思，也就是纠纷进入法院需要经历一个转变过程。在费斯蒂纳尔他们的文章里，除了提出命名、归咎、索赔这个分析框架之外，也详细讨论了纠纷转变过程中的各种影响因素，比如当事人是谁、目标和机制选择、参照群体、代言人和官员、纠纷解决制度等。麦宜生对中国农村纠纷解决的分析，只是根据国情有选择地强调了其中几个因素而已。

说到底，每一代学者都会创造些新概念来显示他们的原创性贡献，但法律社会学和其他社会科学领域一样，其基本洞见在经典著作中大都已经讲过了，后来的学者们只是用不同的经验案例和各种表达方式来反复演绎这些洞见。记得我念书的时候，有位老师曾半开玩笑地说，当代社会学研究的这些东西，韦伯早都说过了。当时我觉得这个说法有点夸张，可现在想起来，其实不无道理。

　　关于命名、归咎、索赔这个分析框架的适用性，你说得没错，并不是在所有案件中三个步骤的界限都很清晰，有时其中的两个甚至三个是同时发生的。比如一个人出了车祸，也许当时就会直接向肇事者索赔，但这并不意味着不存在命名、归咎、索赔的过程，只不过这个过程所发生的时间被压缩了。事实上，在法律社会学的诸多理论里，对于时间性（temporality）都没有太多关注，可就像法律程序中的时效性一样，时间对"行动中的法"也有显著影响，不过这个问题太过宏大，这封信就不展开讨论了吧。

　　至于不同法律领域之间的区别，纠纷金字塔理论的提出，主要是针对民事纠纷的，如果扩展到刑事案件、行政案件等其他案件类型，当然会有所差异，毕竟一旦公权力介入纠纷，成了一方当事人，整个纠纷的权力关系就产生了根本性的改变。当然，即使是民事案件也不必然存在这三个步骤，比如离婚案件，就未必是一方有过错，例如二战后在美国逐渐兴起的所谓"无过错离婚"（no-fault divorce），虽然也要通过司法程序，却并没有命名、归咎、索赔的问题。

　　不过，在格兰特的理论中，并未区分刑事、民事或行政案件，"重复诉讼人"可以是检察官也可以是税务局，或者是大型企业，只要是经常参与诉讼并且掌握各种关系和资源的主体，就都属于这一类。在格兰特的经典文章发表 25 周年时，《法律与社会评论》搞了一次纪念这篇文章的特刊，其中大多数文章都是用经验研究来检验格兰特的理论，但有篇文章提出了一个新理论，是当时任教于威斯康星大学社会学系的两位青年学者埃德尔曼（Lauren B. Edelman）和苏赫曼（Mark C. Suchman）合作的。他们认为，在格兰特文章发表后的二十多年里，美国的纠纷解决出现了一个显著变化，就是企业、政府机关、学校等大型组织纷纷开始发展组织内部的纠纷解决机制，也就是说，原来的"重复诉讼人"现在已经不需要上法庭了，而是开始自己建立内部"法庭"，比如劳动纠纷的调解和仲裁，或是员工之间的性骚扰纠纷，都倾向于在组织内部解决。

这个趋势的出现不仅是因为 ADR 运动在 20 世纪中后期的兴起，还和企业、政府机关等大型组织内部的法律制度化密切相关。企业法务和政府律师的出现、内部保安系统的兴起、组织规章制度的完善都让大型组织内部纠纷解决的能力越来越强，对国家正式司法系统的依赖也相应减弱。而其后果，是进一步加剧了"一次性诉讼人"在纠纷解决中的劣势地位，因为当他们原来在法庭上的对手变成了"法官"，究竟该怎么做才能在组织内部的非正式纠纷解决机制中有效保护自己的权益呢？

又写了这么多，不知不觉夜已经深了，隐隐能听见窗外的风声，似乎在下雨夹雪，不知明早起来，路上会不会结冰。在这一刻，我忽然无比真切地感受到人生的脆弱与大自然的力量，寒冬再久，湖上的冰再坚硬，终究也会被暖阳融化，而春花秋月再美好，也逃不过一场凄风苦雨。时间可以让你的伤口愈合，也可以把我的生活撕裂，而空间和季节就这么交错着，依依不舍。

第 23 封信

郑旻学长：

真抱歉，因为我的精神问题，引出了你这么多的情绪。昨晚昏昏沉沉地睡了一夜，早上起来居然没有哭，感觉有了一点力气，就干脆把自己从床上拉起来，去未名湖边晨练。自暴自弃了太久，整个世界都是无色无味的，可今天在路上居然听见了鸟语，闻见了花香，绕着湖慢跑了一圈之后，汗水浸湿了衣衫，泪水却流不出来了，情绪也稳定了好多。回到宿舍之后就收到你的信，不禁感叹这些交错与轮回，我们不在一个季节，却可以心有灵犀，而身处同一时空的人，却往往貌合神离。

你说时间在法律社会学研究里没什么人关注，这有点奇怪啊，没有时间，哪来的法律变革呢？难道法律社会学不研究法律是如何演变的吗？当代中国法律改革这四十多年，变化太明显了。我举个行政法的例子，《行政诉讼法》是 1989 年颁布的，但整个 20 世纪 90 年代，行政诉讼少得可怜，许多法院的行政庭里的法官大多数时间办理的都是刑事和民事案件。可随着依法治国理念的不断推进和行政法体系的逐渐成熟，过去二十多年法院行政案件的数量也大幅增长，"民告官"已经不再是什么禁忌，连行政机关负责人都会被要求出庭应诉，《行政诉讼法》的作用也就逐渐显现出来了。如果不考虑时间因素的话，就很难理解这部法律实施的前十几年和之后二十年之间的天壤之别。有学者说，1989年《行政诉讼法》是一部过于超前的立法，但我觉得，法律在实践中被接受和有效运用本来就需要时间，不知道法律社会学里有什么关于法律变革的理论可以解释这些所谓"滞后"或"超前"的现象。

　　我在网上查了一下埃德尔曼和苏赫曼的资料，现在这两位都已经是资深社会学家了啊！苏赫曼教授在布朗大学任教多年，而在加州大学伯克利分校任教的埃德尔曼教授居然已经去世了……除了法律社会学之外，他们好像也都是组织社会学领域的专家，所以提出这个"重复诉讼人"在组织内部建立纠纷解决机制的观点，也顺理成章。不过，这个理论所描述的趋势和中国的情况似乎正好相反，我们国家不但有《行政复议法》，把行政复议而不是行政诉讼作为化解行政争议的主渠道，政府机关和企业也一直有各种内部纠纷解决机制。社会主义传统下，一切问题都可以在单位内部解决，而员工把单位告上法院是近年来才逐渐增多的新现象。而所谓内部保安系统，我们也一直都有啊，无论是学校、社区、公司还是政府机关，都少不了保安，现在还多了人脸识别和视频监控。所以，按你说的自行车和私家车的逻辑，其实我们一直都在骑自行车，现在听说美国人也开始骑了，感觉有点讽刺。

当然，企业法务和政府律师对我们来说还蛮新鲜的，司法部 2002年就创设了公司律师和公职律师制度，但这些年似乎一直是"雷声大、雨点小"，直到最近几年国家大力提倡法治政府之后，公职律师的人数才大幅上升，而公司律师究竟有多少人，我也不知道。倘若律师的介入和规章制度的完善真能让我国的政府机关和企业法治化、合规化，那倒是件好事呢。

组织内部的纠纷解决是否真的会进一步加剧"一次性诉讼人"的劣势地位呢？我看倒也未必。以你提到的性骚扰为例，如果我是被上司性骚扰的女员工的话，或许会更愿意在组织内部解决，因为这种事情如果上法庭的话，双方律师交叉询问一番，只会对受害人造成更大的伤害。强奸案的被害人大都不愿出庭作证，也是同样的原因。中国人解决纠纷的哲学和美国人不同，能不上法院就不上法院，所谓"清官难断家务事"，在家庭纠纷上适用，在工作场所的一些纠纷上也适用。近年来"米兔"运动的几次诉讼结果都不理想，我觉得也有类似的文化原因。当然，劳动纠纷是另一回事，还是去仲裁或诉讼比较好，因为企业如果既当法官又当被告的话，肯定不大可能对员工有利。

最后忍不住说一句，看你上一封信的文字，隐隐地感觉到你也有些伤心事，不知可否与我分享？对一个正在疗伤的人而言，能有病友陪伴，相互体谅，也是难得的慰藉了。

第 24 封信

杜荔学妹：

我们是病友吗？你把你的花园打开一角，我的门却还紧闭着，算不上同病相怜。伤是从前的事了，现在留下来的只是疤痕，有些疤痕会渐渐淡去，有的就一直留在这里，不痛不痒，只剩下无尽的孤独、永恒的残缺。我只能沉默着，在城市的上空悬浮着，凝视雨雪过后的阳光，想象你感受到的鸟语花香，试图让自己快乐一点。我不知道这是怎么了，或许是漫长冬季之后的抑郁症，也或许是中年危机的前兆，只觉得每天被各种繁杂事务推着往前走，却不知该去哪里，精神如何安放。

说了些一头雾水的话，不知算不算分享。我其实是个非常自闭的人，年轻时还会把情感和生活写出来，放在网上让别人看，后来发现，其实大家都是在看热闹而已，没人会真的感同身受，就不再写了，把一切情绪都放在心里。这说得倒有点像 ADR 运动，原先在公开的法庭上解决纠纷，后来逐渐封闭，最后干脆把法庭搬到了组织内部。在组织内部解决纠纷当然也有好处，比如你说的保护当事人隐私，确实很重要，但问题在于，在双方当事人权力不平等的情况下，组织内部的纠纷解决机制是否会进一步偏向更有权力和地位的当事人呢？而对于弱势群体而言，比如受到职场性骚扰的女性，如果组织非要"大事化小、小事化了"，施加压力让她们与加害人和解，甚至被迫离职，那这是否真的比上法院诉讼更好呢？

　　埃德尔曼教授前两年不幸因病英年早逝了，她是个特别照顾后辈的资深学者，或许是美国法律社会学界口碑和人缘最好的人之一。关于法律与组织的关系问题她做了二十多年的实证研究，最终写出了一本集大成之作，叫《工作的法律：法院、企业和符号化民权》（*Working Law：Courts，Corporations，and Symbolic Civil Rights*）。这本书中提出了一个"法律内生性"（legal endogeneity）理论，意思是说，法律的意涵会为其所规范的社会领域中被广泛接受的理念所影响，由于法律本身不可避免地存在模糊性，组织会创设一系列政策和程序来象征性地回应法律，而并不真正确保其有效实施。随着这些政策和程序在组织中司空见惯，雇主和员工都会认为它们的存在本身就是守法，而忽视了其在实践中的有效性。更重要的是，长此以往，立法机关和法院也会逐渐承认这些在组织里发展出来的政策和程序，从而进一步强化这种法律的象征性，最终导致法律所试图保障的公民权利成了一种"符号化结构"（symbolic structure），表面上体现了价值观，实际上却不能有效地保障权利。

埃德尔曼发展这个理论时所关注的经验问题是美国 1964 年民权法案之后关于"平等就业机会"（equal employment opportunity）的性别与种族歧视。她的数据分析显示，在民权法案实施后的几十年里，大多数企业、政府机关等组织都创设了反歧视的内部纠纷解决和权利保障机制，但这些机制却并没能有效地减少歧视，包括你提到的工作场所性骚扰问题，除非是很严重的骚扰，否则都会被视为管理不善、缺乏专业精神或者性格冲突，甚至很多在法庭上会被认定为违法的性骚扰行为都被放过了。埃德尔曼把这个过程称为"法律的管理化"（managerialization of law），而它会进一步产生"法律意识的管理化"，也就是说，这种源于组织内部的管理化纠纷解决方式会逐渐塑造人们（包括法律人）的法律意识，最终使立法机关和法院也接受了反歧视法律在组织中的实践意涵。所以，法律不只是进入了组织内部，而且是经过组织的改造又反过来影响立法和司法，其实践效果则在这个管理化的过程中被削弱了。

那么，公司律师、公职律师之类的组织内部法务人员在这个法律管理化的过程中起到了什么作用呢？虽然这些法律人肩负着保障组织运作合法性的责任，但在实践中，他们和在事务所里工作的律师不同，必须与组织中的其他专业人士合作。比如在埃德尔曼的研究里，就讨论了法律和人力资源两类专业人士在反歧视纠纷解决中的合作，但在这种合作中，法律人的角色只是为人力资源部门设定法律环境框架，而为雇主和员工直接设定法律环境框架的则是人力资源部门。换句话说，法律人的作用在组织内部被边缘化了，不仅在反歧视问题上如此，在许多其他事务里也是如此。归根结底，身处组织内部的法务人员缺乏律师和法官的职业自主性，而必须服从组织运作的逻辑。因此，我国公司律师、公职律师制度的推广能否让政府机关和企业更守法？这个问题值得深究，我个人认为这些制度是有很大局限性的。即使在美国，也有研究表明，法务人员在企业里所扮演的角色大多是"警察"（cop）——保障企业运作的合法性，而只有少数法律人能够成为"顾问"（counsel）乃至"企业家"（entrepreneur），在企业核心决策中起到更加重要的作用。

所以说，把法律在组织里封闭起来，未必是件好事，更可能是件坏事。其实人不也是这样的吗？自闭的时间长了，情感和意识也就被"管理化"了，变得非常麻木，快乐和痛苦都转化成冷漠，每天就这么机械地活着。你说和我心有灵犀，倘若真是如此，请一定不要麻木也不要冷漠，这个世界还有太多光彩绚烂，等着你敞开心扉去发现。否则再过十年，等你到了我这个年纪，或许一切就都黯淡了，连一束光也成了奢求。

第 25 封信

郑旻学长：

读你的信，第一次真切地感到了我们之间的年龄差距，懵懂中似乎有点理解你说的中年危机，我完全不知道自己再过十年会在哪里，是什么样子，想想就觉得可怕。时间真是个奇怪的东西，有时走得很快，有时却停滞不前，可其实它并没有快慢，只是一直静静流淌而已。改变了的是我们的心境和情绪，如我的伤痛和你的麻木，两个人相隔万里，却都无处可去。你说自己是个自闭的人，却又劝我不要自闭，这不是很矛盾吗？我当然知道世界的光彩绚烂，也想和心爱的人云游四方，可现在既没有那个人，也没有力气，就只好继续窝在这里，每天早上能起床跑步，下午可以去听个讲座，假装若无其事地坐在人群中间，已经很好了。唉，这是否也是一种情感的"符号化"呢？

今天我听了个关于卢曼（Niklas Luhmann）系统论法学理论的讲座，好多抽象的概念，比如法律"自创生系统"（autopoietic system）之类的，听得一头雾水。回到宿舍里，看你信里讲的"法律内生性"理论，刚开始我觉得这似乎和卢曼的自创生系统有点类似，可仔细想想，这个理论所说的"内生性"其实并不在法律系统内部，而是在组织系统内部，法律被组织给困住了，不知我理解得对吗？和法律相比，埃德尔曼的理论里组织更像是个自创生系统，有自己的一套规则，无论什么样的法律进来，都能"兵来将挡、水来土掩"，把它吸收、同化成这个系统的一部分。可如果真是这样的话，那法律和组织这两个系统之间究竟是什么关系呢？是彼此独立、"井水不犯河水"，还是互相影响、互相塑造？如果我没理解错的话，埃德尔曼的意思是法律进入组织系统内部之后会被管理化，而管理化了的法律又会反过来影响法律系统内部的立法和司法，可是这样的话，法律系统不就不再是卢曼所谓的一个能自我维系、再生的自创生系统了吗？

　　还想再多谈几句性骚扰的问题。你说得没错，这类纠纷在组织内部解决，的确有可能被"大事化小、小事化了"，让加害者得不到应有的处分。其实埃德尔曼所说的这种组织逻辑，和我国单位内部的纠纷解决机制真的是异曲同工，"家丑不可外扬"的逻辑，无论在文化上还是在制度上，一直都存在。不过作为中国女性，在职场受到五花八门的性骚扰是很常见的事，我在学校里都经历过不少，但去法院起诉这样的事却非常罕见，即使在 2005 年《妇女权益保障法》明文规定"禁止对妇女实施性骚扰"之后也没什么太大的改变，这究竟是为什么呢？我觉得根本原因还是在我们的传统文化里，这种事情上法院乃至进入公众视线都是很丢人的事，不只对组织如此，对女性受害者更是如此，很可能还会对当事人日后的事业和家庭都产生负面影响。"米兔"的兴起在中国比在其他许多国家更难，这就是一个重要原因，而这也是我上一封信里为什么说在组织内部解决或许对女性更有好处。所以，在中国的语境下，其实最大的问题并不是法律被组织给管理化了，而是传统文化和社会道德评价给性骚扰受害者"命名、归咎、索赔"所设置的种种无形障碍。

你看，写着写着，我女性主义者的姿态就不知不觉又暴露出来了。可我真心觉得，制度不好改，文化更难移，女性作为社会中的弱势群体，每天都要面对各种有形或无形的枷锁，好累呀。听了你讲的这个法律内生性理论，更觉得变革遥遥无期，难道我们就真的只能在这些像机器一样的自创生系统里不断自我复制了吗？若是如此，人的生命力和尊严又在哪里？

不说了，好悲伤。

第 26 封信

杜荔学妹：

　　不要悲伤，你看你不但能晨跑，还能听讲座，和前一阵相比，已经好多了啊。而且，你能从自闭讲到自创生，再联系到内生性，真让我刮目相看。记得卢曼的书里说，法律的自创生系统在运作上是封闭的，而在认知上则是开放的，自闭的人其实也是如此吧，并非不接受外面的新事物，只是自己有一套行为处事的规则，外面的信息进来了就被消化掉，而自己心里的事却不会和别人分享。卢曼还写过一句话，"法律是历史的机器"，可人毕竟不是机器，总会有许多情绪，面对自己的过去，那些不堪回首的人和事，会遗憾，会悔恨，也会自惭形秽。我就被这些看似淡漠了的情绪日复一日、年复一年地折磨着，却无法和人诉说。

　　其实我一直很欣赏卢曼。二战时他才十几岁，就在纳粹德国当了兵，还被盟军俘虏过。战后他学了法律又当了十几年公务员，直到三十多岁时休假去哈佛访问一年，师从当时正如日中天的美国社会理论家帕森斯（Talcott Parsons），学了一套社会系统论。回到德国后，卢曼就辞掉了公职，开始教书和写作，之后的三十多年里居然出了七十多本书，或许是全世界最高产的社会理论家了。你说听讲座听得一头雾水，我读卢曼的书更是经常有不知所云的感觉，或许是翻译质量的问题（英译本也都不太好），当然也是他的写作方式的确太过抽象，谈理论时几乎不举例子，没有具体的经验事实，真的很令人抓狂。卢曼的社会理论在欧陆影响深远，在美国社会学界却一直不受欢迎，主要也是这个原因，美国人在帕森斯时代之后，就基本不研究大理论了，有的只是层出不穷的各种"中层理论"而已。

　　可也正是因为这一点，我在美国学了几年法律社会学之后，再读卢曼的理论，反而有种清新感。美国人常把法律社会学叫作"法律与社会"（law and society），与"法律与经济"（law and economics）、"法律与文学"（law and literature）等概念相对应，而卢曼却认为，"法律与社会"是个错误的概念，因为它意味着法律可以在社会之外存在，而事实上，法律是无法独立于社会系统而存在的。社会是一个自创生系统，法律则是其中的一个子系统，而法律社会学家的任务是从外部来描述这个法律系统，搞清楚其社会结构和运作方式。卢曼并不在乎那些资本、权力、不平等之类的美国社会学的核心概念和研究视角，他的社会系统里没有压迫也没有反抗，甚至连行为主体也没有了，有的只是结构，和让这些结构运转起来的机制。

　　举例来说，卢曼有个概念叫"二元编码"（binary coding），意思是法律系统里的一切信息，都只有"合法"和"非法"两种编码取值，而不存在任何其他取值。但在某个法律系统里，二元编码具体如何实现，则需要"编程"（programming），给各种行为都赋予合法或非法的取值。这说得很抽象，甚至有点像计算机语言，可其实想想看，各种法律对行为的合法性判断，的确有点编程的感觉，大陆法系的成文法尤其如此。比如刑法里的各个罪名，其实都是给行为赋值的"程序"啊，一个行为要么是犯罪，要么不是犯罪，不会有中间状态。而卢曼说法律系统在运作上是封闭的，而在认知上是开放的，意思就是虽然新的信息会不断从外部环境进入法律系统，但这个系统运作的编码和编程都源自系统内部，决定一个行为是否有罪，应该是刑法条文和司法过程说了算，而不取决于系统之外的任何编码或程序。所谓法律是一个"自创生系统"，是"历史的机器"，会在自我运作中不断更新，也就是这个意思。

这么抽象的大理论，我蜻蜓点水般地讲一讲，也不知道说清楚了没有。至于卢曼的自创生系统和埃德尔曼的法律内生性理论之间有什么关系，我觉得除了二者都强调封闭性之外，好像没什么关系。埃德尔曼笔下的组织虽然自主性很强，但组织内部的规则也会受到外部立法的影响，和立法互动，所以还算不上一个卢曼所谓的自创生系统。法律内生性理论其实是从组织社会学中的新制度主义（neo-institutionalism）里发展出来的，新制度主义沿袭了韦伯的社会理论，认为处于同一组织场域（organizational field）

里的组织的正式结构会出现同构性（isomorphism），也就是越来越趋同，正如韦伯主义者们所说的"铁笼"。但与此同时，这些正式结构会逐渐变得符号化，甚至成为一种象征和仪式，而组织的实际运作则会和正式结构分离开，产生"断藕"（decoupling）现象，以保持灵活性。埃德尔曼和苏赫曼曾合写过另一篇文章，认为新制度主义的这个理论视角和法律社会学传统上的"书本上的法"和"行动中的法"有异曲同工之处，而法律内生性理论的提出，正是埃德尔曼试图将二者结合在一起的努力。

讲了这么多关于结构和组织的理论，似乎已经忘记了文化。可你说得对，在性骚扰的问题上，文化对女性的制约或许比组织结构更大，其实即便在美国，也是如此。问题在于，和法律条文或组织结构相比，文化对人的影响是无形的，看不见摸不着，从实证研究的角度，不太容易把握。美国法律社会学里的文化研究基本上是关于法律意识和法律多元的，在组织里研究法律文化的很少，比较有名的是贝尔丽（Ellen Berrey）的一本书，叫《多样性之谜》（*The Enigma of Diversity*）。她通过对某大学、某企业和某社区三个案例的田野调查，显示了在美国法律文化中一直强调的"多样性"概念原本是关于种族、性别平等的，针对的是女性和黑人等弱势群体在美国社会中的劣势地位，但在组织实践中，这个概念的意涵却被大大扩展了，甚至包括了工作方式和效率的多样性，于是这个谜一般的概念对改变组织内部各种不平等问题的影响也就变得十分有限。这项研究关注的虽然是文化而不是结构，但其基本思路和埃德尔曼的研究非常相似，都是强调组织内部机制对法律的塑造和改变。

我说过不和女性主义者辩论性别问题的，知道你们很累，就说声"辛苦了"吧……我虽然无法感同身受，但作为一个人，至少还能理解和同情。系统论里找不到人的尊严，内生性的组织里恐怕也找不到，这或许是法律社会学研究的一个悲哀之处，法律原本要维护人的尊严，可社会学家笔下的法律却经常忘了尊严这件事。

第 27 封信

郑旻学长：

　　我最近的确有所好转！"病来如山倒，病去如抽丝"，我得的是心病，每天抽一两根丝的话，抽上个半年一年，大概也就好了吧。

　　你看我们谈来谈去又谈到尊严，上次说的是学者和律师的职业尊严，还算是身外之物，而关于人的尊严，我有很多要说的。作为女性，活在这个男性主导的社会里，本就是很辛苦的事。而作为一个被称为"第三种人"的女博士生，无论是在学术界还是在私人生活里，每天都要忍受各种有形和无形的歧视。我曾喜欢过一个男生，后来他离开了，理由是我读书太多，在感情上也太强势，让他没有安全感。还有一个学长，说爱的就是我的文笔古怪精灵，希望能一直和我一起写作，可也只是写作而已，感情上他却不负责。你说法律要维护人的尊严，可看看这些男性法律人的做派，我真不抱什么希望。

　　你讲卢曼讲得很清楚呀，不过怎么越听越像计算机程序呢？

这几年流行的人工智能系统，不也是运作封闭、认知开放的"历史的机器"吗？我那天听讲座时，就觉得卢曼的理论好奇怪，却又说不清到底怪在哪里，读了你的信才恍然大悟，原来这个自创生系统里根本就没有人！这不只是没尊严的问题，是把人的能动性从法律系统里给去掉了，所以系统才成了个机器。我不知道你为什么会欣赏卢曼，这样的理论岂不是很可怕吗？生活在这个学术系统里，我每天都能真切地感受到机器的强大与个体的弱小，这个机器里有太多的编码、程序和指标，比如 985 和 211 高校，比如核心期刊和影响因子，比如法学院的排名，再比如博士生毕业需要发表论文的数量和要求。相比之下，法律系统的机器更是有过之而无不及，法官、检察官们每年、每月甚至每个案件都有各种考核指标，现在还有量刑标准化、办案程序标准化、法官终身负责制之类的要求，自由裁量权变得越来越小。法学界批评"人治"批评了这么多年，我反倒觉得，现在的司法过程中已经越来越难看到"人"了。

除了没有人之外，卢曼的自创生系统里是不是也没有权力呢？有人的地方就有压迫和反抗，而如果一个关于法律系统的理论不涉及权力关系的话，那总归是残缺不全的。本科时上西方法制史课就听老师讲过，好像是奥斯丁（John Austin）的话，说"法律是主权者的命令"，是要靠国家强制力保障的。而无论是警察对犯罪嫌疑人、检察官对律师、律师对当事人还是上级法院对下级法院，法律系统里权力关系无处不在。即使不从这么马克思主义的视角来看问题，韦伯也一直把法律和支配（domination）联系在一起，甚至连涂尔干这个结构功能主义者也有"压制性法"的概念啊，为什么经过帕森斯到了卢曼的社会系统论，权力就消失得无影无踪了呢？

另外，"多样性"这个概念我不是很懂，它的意思是说要在组织里保持性别和种族的多样性吗？性别还好理解，但种族问题很复杂嘛，美国社会除了白人和黑人，也还有拉丁裔和亚裔，而且这些族裔分类法各个国家都不太一样。你看，我国有 56 个民族，但汉族人口占了 90% 以上，那该怎么保持多样性呢？再说中国社会和美国不同，最基本的结构性分化不是种族，而是城乡，真要追求所谓"多样性"的话，或许该多关注一下组织内部本地人和外地人、城里人和乡下人之间的不平等才对。在这个问题上，结构和文化的确分不开，比如户口制度，看似是个结构，可实施了半个多世纪之后，早就渗入了中国人的认知里，成了一种理解社会和人际关系的文化了。

最后我忍不住再问一句，你说你的过去有遗憾和悔恨，究竟是什么呢？我的室友是基督徒，那天她给我发了句王尔德（Oscar Wilde）的话，说圣人和罪人的区别，只不过是每个圣人都有过去，而每个罪人都有未来。想把这句话送给你，因为我有点好奇你的过去了。

第 28 封信

杜荔学妹：

　　我当然不是圣人，也没什么未来。至于过去，有许多情绪，不知从何谈起。多年前我见过一位律师，他也是基督徒，每天从事着高风险的刑事辩护工作。我问他为什么要做这些事情，他说因为在上帝面前每个人都是罪人，而每个罪人都是平等的，都应该有权利和尊严。这句话我当时完全不懂，后来自己经历了许多事才慢慢理解了。人活在这个世界上，仿佛在沼泽地里穿行，走的时间长了，难免浑身沾上许多泥水，甚至以为这些泥水就是自己的样貌。我当然也是个罪人，身上裹满了厚厚的泥水，而这片沼泽地太深也太远，时常有窒息的感觉。挣扎之间偶尔遇到惺惺相惜的同路人，可以互相支撑着走过一些日夜，暴风雨来临时，却无力拯救彼此。那不只是遗憾和悔恨，而是一种巨大的无助感。

　　这些情绪，卢曼的社会系统论里当然不会有，如你所言，自创生系统里找不到人的藏身之地，也没有权力关系，像一部冷酷无情的机器。可这恰恰是卢曼的独到之处，也是我欣赏他的原因。我以前提到过，由于 20 世纪 60 年代民权运动的深远影响，当代美国法律社会学甚至整个社会学都把权力和不平等放在最核心的地位，大多数学者在观察和分析法律系统时首先看到的就是权力关系和种族、性别、阶级等不平等问题，几乎已经不会用其他视角来做研究了。我遇到过不止一位在美国读书的博士生，说社会学归根结底就是研究不平等问题的，让我瞠目结舌。相比之下，欧陆的社会学理论传统要丰富得多，而帕森斯这个曾经在 20 世纪 50—60 年代如日中天、后来却被各路新马克思主义者轰下了神坛的功能主义理论家的社会系统论，居然在卢曼、托依布纳（Gunther Teubner）等德国学者身上传承下来，形成了与美国的"权力/不平等"范式大相径庭的学术传统。

批评系统论当然不难，但你说它完全失去了韦伯、涂尔干等经典社会理论家们对人和权力的关注，也并不全对。其实我们之前反复谈到的韦伯社会理论中的"铁笼"问题，正体现了他对资本主义制度禁锢和塑造人性的忧虑，而卢曼的系统论表面上看没有人，其实是把韦伯的"铁笼"意象进一步发展成了自创生系统，从而让我们能更好地理解现代性语境下的社会系统整合。其实人并非不存在，而是被藏在系统里了，我们常常抱怨制度对人的压迫，而这些所谓"制度"究竟是什么，又是如何运作的？在这个问题上，我觉得卢曼理论的解释力比美国社会学的那些中层理论都强得多。

当然，欧陆的社会理论家也并非都这么不重视权力关系，比如和卢曼同时代的法国社会学家布迪厄（Pierre Bourdieu）的场域理论，就把权力关系放在了最核心的位置上。与学法律出身后来才半路出家改学社会学的卢曼相比，布迪厄是个纯粹的社会学和人类学家，一生写过许多书，关于法律却只写过一篇文章，叫作《法律的力量：迈向司法场域的社会学》（The Force of Law：Toward a Sociology of the Juridical Field），我还在念书时这篇文章就已经被译成中文了。场域理论是个空间理论，表面上和社会系统论有点像，但二者的关键区别在于，社会系统里的结构性分化是以功能为基础的，而场域里的结构性分化则是以空间位置为基础的。司法场域和其他场域一样，里面都有各种各样的行动者（agents），他们身处不同的结构性位置，因其各自的位置和生活史而养成了不同的"惯习"（habitus）。惯习是一个"性情系统"，比如爱吃某种食物、爱听某种音乐等，具体到司法场域而言，比如警察和律师的惯习就大相径庭，警察注重打击犯罪，喜欢从重从快，而律师则相反，强调保障个人权利，强调正当程序，这和二者在司法场域里所处的不同位置有很大关系。俗话说"屁股决定脑袋"，就是这个道理。

但布迪厄的场域里并不只是结构和位置决定一切，行动者可以通过他们所拥有的各种资本来和其他行动者进行权力斗争，以争取更为有利的位置。这些资本不仅包括经济资本（金钱），还包括人力资本（教育）、社会资本（社会关系）、文化资本（惯习）、符号资本（声望）等。于是，场域既是一个受到各种结构性约束的"磁场"，也是一个各个行动者进行权力斗争的"竞技场"。就司法场域而言，布迪厄认为，其中最重要的斗争是"理论家"和"实践者"之间的权力斗争，也就是法学家和法官、律师等法律实践者之间关于谁有权解释法律的斗争。在大陆法系国家，法学家往往在立法过程中占据主导地位，而英美法系国家的法官则掌握着对法律的主导权。另外，权力斗争也并不一定是关于政治权力或经济利益的斗争，也还包括所谓"符号化权力"（symbolic power）与"符号化暴力"（symbolic violence）。比如我国从前的刑事司法实践中经常把还没定罪的犯罪嫌疑人称为"罪犯"，这其实就是一种符号化暴力。

你看，我又把一个如此宏大的社会学理论用两三段话就给概括了，实在有些简单粗暴。我其实不怎么喜欢布迪厄，觉得他的理论虽然有趣，却从里到外透着功利和算计，倘若连文化和符号都成了资本，倘若社会空间里只充斥着冲突和斗争、压迫和反抗，那这世界将是个多么恐怖的地方！相比之下，卢曼的社会系统虽然冷冰冰的，但至少没对人性和社会有如此之强的功利性假设。我觉得最好的社会理论应该是宽容的、有同情心的，可以接纳人性的软弱，也可以为权力、利益这些东西之外的信仰和价值留下余地，而不只是个弱肉强食的竞技场。

说到人性的软弱，若是从性别视角出发，我必须承认，虽然男性在这个社会里经常处于主导地位，但归根结底，男人有时是一种比女人更幼稚也更软弱的生物。你说的那些男生、学长们的行为，当然既不负责任也不尊重女性，但你有没有想过，或许他们心里是害怕你呢？因为对他们而言，你或许是一个更高级也更强大的生物呢。

第 29 封信

郑旻学长：

看过你的信，我居然大哭了一场。为什么女人强大了就会让男人害怕？为什么男人自己这么软弱、这么不争气，却还要处处凌驾于女人之上？你说不喜欢布迪厄是因为场域理论太过弱肉强食，可这世界分明就是个弱肉强食的地方啊！有压迫就有反抗，有反抗就会有权力斗争，在社会里身处优势地位的群体，不管是法学家、法官还是男人，是无法真正体会弱势群体的需求和苦衷的。而倘若女人真像你说的，是种比男人更高级也更强大的生物，那么男性就该把主导地位给让出来，不是吗？一边说自己无能一边又占着位置不让，我看不起这样的生物。

布迪厄说法学家和法官在立法过程中占据主导地位，有些道理，但也不全对，因为他忽视了国家立法机关的作用。以我国《刑事诉讼法》的修改历程为例，1996 年第一次修订时，全国人大委托陈光中教授在中国政法大学成立了一个起草小组，虽然经过公检法司等机关和全国人大的博弈，最终通过的刑诉法条文数量比起草小组的学者建议稿少了三分之一，但总体而言，法学家毫无疑问主导了这次立法过程。然而，2012 年刑诉法再次修订时，虽然也参考了五花八门的学者建议稿，但全国人大常委会法工委自始至终都主导着立法过程，法学家和司法机关只处于辅助地位而已。所以说，司法场域里的行为主体不只有法官、检察官、律师、法学家这些个体，而是还有科层化的国家机关。个体可以有惯习、有资本，那机关的惯习和资本又从何而来呢？从这个角度来看，布迪厄这个社会学家似乎还是不太懂法律哦。

你说最好的社会理论应该是宽容的和有同情心的，这当然没错，但说起来容易做起来难，任何理论都不可能面面俱到，总要有取舍。我并不觉得一个功利的社会理论有什么问题，把文化修养和社会关系视为资本，是个很有见地的视角呀！这个社会本就四处充斥着算计和冲突，遍地都是利益和资源交换，做个精明一点的人，或许能少吃点亏，有什么不好？至于人性的软弱，信仰和价值，哲学家们已经讲得太多，社会学家又能讲出什么新东西呢？

最后我想说，人的罪是自己的，也是同路人给的，沼泽地、铁笼和自创生系统，都是人想象出来的比喻和修辞，而真实的情感，来自亲人、朋友和亲密关系，来自人与人之间的交往。能做同路人是缘分，即使最终必须分离，在一起的日子也要珍惜。遗憾和悔恨都是无用的情感，我的精神世界里也曾经存储了一大堆，后来伤受得多了，也就慢慢学会排出去了。

　　说这些话没有别的意思，只是因为作为高级生物的我，看到你浑身无力，想给你一点力量而已。

第 30 封信

杜荔学妹:

　　力量是个坚强的词,而我骨子里是个软弱的人,偶尔能积蓄些力量,几乎都用文字传输给了别人,自己只剩下悲伤。遗憾和悔恨迟早会被时间冲淡,可悲伤并没有极限,我的力量也常由悲伤而来。有的悲伤是刻骨铭心的,说不清是爱还是恨,是屈辱还是背叛。

　　你说情感来自人与人之间的交往,这其实正是社会学芝加哥学派的根本立场,在教科书里经常被称为"符号互动主义"(symbolic interactionism)。布迪厄对这个同时代的理论传统一直不以为然,认为互动的本质并不在于互动过程本身,而是源于其所处的社会结构。场域理论虽然也强调作为互动过程的权力斗争,但本质上是一个结构性理论,无论是资本还是惯习,都和行为主体所处的结构性位置息息相关。而芝加哥学派则沿袭了德国社会学家齐美尔(Georg Simmel)所开创的理论传统,认为互动才是最基本的社会过程,无论是竞争、冲突、交换、合作还是共生,都是人与人、群与群之间的互动，即使一个人与世隔绝，也恰恰是因为缺少了互动，也可以用互动来定义。

但有趣的是，这两个看似针锋相对的学术视角却发展出了十分相似的社会空间理论，布迪厄把这个社会空间叫作"场域"（field），芝加哥学派则叫作"生态系统"（ecology），里面都有行为主体和空间位置，以及联结二者的关系。但两个理论的区别在于，布迪厄的场域是个结构分明、阶层林立的竞技场，其中的行为主体和空间位置都相对稳定，而帕克（Robert E. Park）、伯吉斯（Ernest W. Burgess）等芝加哥学派奠基人笔下的生态系统则是个流动性很强的"热带雨林"，里面有许多共生的物种，它们彼此竞争和冲突，社会空间的形态正是在各种互动过程中被建构出来的。

上一封信里我提到过，布迪厄本人只写过一篇关于法律的文章，你说他不懂法律，也不无道理。但在西方法律社会学的文献里，还是有不少场域理论的追随者。比如法律社会学家德加雷（Yves Dezalay）和加茨（Bryant G. Garth），一位是法国人，另一位是美国人，两个人合作了将近三十年，用布迪厄的理论研究了国际商事仲裁场域以及拉美和亚洲的法律职业。他们认为，法律和教育、社会关系一样，也是一种资本，而从社会资本向法律资本的转换，则是许多国家精英再生产的关键步骤，比如拉美国家的许多精英家庭都会把孩子送到美国或欧洲学习法律，然后回国成为经济和政治领域的精英，在一些亚洲国家和地区也存在这个现象。

但我一直觉得，德加雷和加茨对场域理论的应用过于强调了法律精英的代际再生产，却并没有对法律系统自身的社会空间结构作出全面性的描述和分析。事实上，精英再生产只不过是理解法律职业的一种逻辑而已，而这个场域的其他逻辑或许藏在一所不为人知的法学院里，或许藏在一位刑事辩护律师的案卷里，或许藏在一群基层法官的日常生活里。况且，积累了各种资本和光环的法律精英也有可能为普通人的权利或公共利益而奋斗。德加雷和加茨将法律人的理念和意识形态差异排除在这个关于精英再生产的故事之外，体现了布迪厄社会理论中的一个固有问题，就是把有血有肉、有情感和信仰的人简化成只有惯习和资本的"行动者"，这些行动者在场域里只有一个目的，就是获得主导地位和对他人的支配。

相比之下，芝加哥学派的生态理论在法律社会学里的应用就很少了。这个传统的当代继承人阿伯特（Andrew Abbott）在 1986 年发表过一篇关于英美两国律师业与其他职业之间的"管辖权冲突"（jurisdictional conflict）的论文，认为理解法律职业历史发展的关键，是探究律师业与其他相关职业所构成的生态系统，以及在这个系统中所发生的各个职业之间的管辖权冲突——这也是他 1988 年的专著《职业系统》的理论核心。虽然阿伯特用了"冲突"这个词，但这里的冲突并非布迪厄所谓的权力斗争，而是职业之间的地盘之争，用芝加哥学派的传统概念来讲，更像是不同物种或族群之间的"竞争性共生"（competitive cooperation）。这篇文章发表之后的二十多年，美国法律社会学界几乎再没有应用生态理论的经验研究，直到近年来才有些改变，比如哈里代（Terence C. Halliday）等学者关于国际组织和跨国法律秩序的研究，就采用了生态视角来理解国际组织之间的互动过程，也与德加雷和加茨对场域理论在国际仲裁中的应用相映成趣。

如你所言，布迪厄的场域理论的确是以个体为基本分析单位的，一个人的惯习来自其结构位置和生活史，而一个国家机关或者企事业单位的"惯习"又从何谈起呢？其实想想看，我们也可以探究一个机构在场域里的位置和发展史，比如你提到的我国刑事司法系统里，公检法三个机关的结构位置就存在差异，以前公安是"老大哥"，但近年来检察院和法院的地位明显提高了，对公安机关的程序性制约也越来越多。不过，惯习归根结底是个"性情系统"，每个机关都有其运作逻辑，在其中工作多年的人也会形成不同的惯习，可是用这个概念来理解立法或司法过程中各个机关的互动过程，的确有点生搬硬套的感觉。相比之下，生态理论对人的性情没有那么强的假设，而是把关注重点放在社会互动过程上，互动可以是个体之间的，也可以是群体、机构甚至是国家之间的，比如阿伯特所谓的管辖权冲突，或许就可以用来分析你说的《刑事诉讼法》立法过程中全国人大常委会法工委、公检法机关以及法学家之间的互动。

最后要对你说声对不起——你看我的信原本还有止泪的功效，现在写多了，没想到反而成了催泪弹……上次和你说过的，其实我是只刺猬，总会刺到离得太近的女生，自己还浑然不觉。至于男人如此不堪为什么还要占着这个社会的主导位置，布迪厄有本书叫《男性统治》（*Masculine Domination*），讲的恰恰是这个问题。男权社会的结构是千百年积淀下来的，男性的统治和女性的服从早都成了惯习，无意识间渗透在日常生活的诸多细节里。你看我作为男人，虽然这些年受了许多女性主义的熏陶，话语和文字里却还是会不自觉地流露出男性的各种优越感。这个不是简单的放权和让位问题，打碎结构不容易，改变惯习就更难上加难。惯习这个概念的厉害之处，或许也是悲哀之处，正在于此。

芝加哥的春天终于要来了，走在路上可以听见鸟叫，闻到泥土的味道，感受到一种万物即将破土而出的冲动。一百年前，芝加哥学派的"人类生态学"（human ecology）就诞生在这片欣欣向荣的土地上，而一百年后的今天，我身处同一片土地，却独自体验着精神的枯萎与死亡。

第 31 封信

郑旻学长：

　　你怎么忽然说起死亡呢？这么沉重的话题，让我从何谈起……其实我也想过这件事，情绪抑郁比如失恋时不止一次有自杀的念头，可有一年暑假回家找人看手相，发现自己的生命线很长，而爱情线虽然曲折，却终将平坦，后来就不再想了。你瞧瞧，我受了这么多年高等教育，到底还是个迷信的人呢。不知道你的手相如何，但我相信，人的精神耐力是非常强的，在严寒里或许会枯萎、凋零，可只要有一点点温暖，就会复苏，然后继续生长下去。即使是挥之不去的悲伤，也只是阴郁的天气，终将过去。只要心里有阳光，就不会绝望。

　　至于屈辱和背叛，不正好是尊严和信任的反面吗？这些人类最朴素的情感，为什么在社会学理论里却看不见？你讲了这么多场域理论和生态理论的异同，我却感觉两个理论的核心都空洞洞的，人与人之间的互动当然有许多形态，可无论是竞争、冲突还是交换、共生，似乎都不涉及人的情感，而只是物种之间的互动而已。人和人之间可以竞争和共生，动物之间甚至植物之间也可以，那么人的情感和灵魂又安放在哪里呢？相比之下，布迪厄至少还描绘了人性中理性、功利的一面，而芝加哥学派似乎是把有血有肉的大活人给变成植物人了……而且，你说的这个芝加哥学派好像并不是国内常说的那个经济学芝加哥学派，这两个同名的学派之间，有什么联系吗？

阿伯特我知道，他的好几本书都已经有了中译本，你提到的《职业系统》我的书架上就有一本，不过以前觉得和自己的专业没什么关系，只是当作陶冶情操的社会学理论书看了，感觉书里的概念好多、好晦涩，真不太容易懂呢。现在听你讲了法律职业之间的管辖权冲突，忽然发现原来这本书是有用的！我上一封信提到的刑诉法修改过程，其实也是公安、检察院、法院、司法行政各机关之间的管辖权冲突嘛。而这些机关之间的"地盘之争"不只存在于立法过程，在法官、检察官、警察和律师的日常工作中也司空见惯，比如律师在公安机关侦查期间会见犯罪嫌疑人，虽然《刑事诉讼法》有明确的规定，可在实践中还是会受到各种阻碍和限制。我前几年在律所实习的时候，律师们经常抱怨"会见难"的问题，看守所总会找出各种理由来刁难律师，甚至还有女律师不能穿裙子会见这种荒谬至极的理由……当然律师们也不是省油的灯，在法庭上和看守所里受了欺负，往往会在媒体上曝光，我记得前些年还有人用过给法官买红薯之类的行为艺术。从芝加哥学派的视角来看，这些也都是人与人、群与群之间的互动吧？

你说生态理论在美国法律社会学中应用很少，可在国内倒是有追随者呢。比如近年来吴洪淇在"司法文明指数"课题下对警察、检察官、法官、律师四个职业所作的问卷调查，还有对非法证据解释实践中利益博弈的研究，就都参考了阿伯特的管辖权冲突理论。另外研究中国法律服务市场的《割据的逻辑》一书中谈到的法律职业之间的"定界"以及职业与国家之间的"共生交换"，也是社会学意义上的生态互动过程。不过话说回来，布迪厄认为互动的本质源于社会结构，我觉得很有道理，看得非常深刻。中国律师业在法律服务市场上的弱势地位，表面上看是定界、交换这些互动过程的结果，但归根结底还是因为管理规范律师业的司法行政机关在国家科层体制里处于弱势地位，这不还是个结构性问题吗？

刚才查了一下，《男性统治》也有中译本了，不过我不喜欢这种腔调的书，什么女性的服从早都成了惯习，分明是存在即合理的逻辑，真可恶！倘若场域与惯习对人的约束如此之强，那么社会变革又从何谈起呢？

其实一直都很羡慕你，可以有机会在芝加哥学派诞生的那片土地上做学问。一百年的时间当然会改变许多事，但既然春天来了，就请不要枯萎好不好？北京已经过了沙尘暴的季节，树上也长出了绿叶，走在燕园里，感觉就像你喜欢的张楚那首《孤独的人是可耻的》中唱的，"空气里都是情侣的味道"。我不想做个可耻的人，更不愿意枯萎，所以我每天都在努力让自己好起来，即使没了恋人，也庆幸生活里还有朋友相伴。等我的力气恢复了，希望能带一块未名湖水底的石头，来芝加哥看看你。

第 32 封信

杜荔学妹：

　　未名湖底的石头，我好像从来没见过，园子里情侣的味道也早就忘掉了。今天早上五点多就睡不着了，干脆穿上衣服出了门，在黎明前的黑暗里穿过铁轨和街道，到密歇根湖边的公园独自坐了半个多小时。看着灰蒙蒙的天空一点点变亮，波光粼粼的湖水和高速路上飞驰的汽车在视线里渐渐清晰，抚着自己还在跳动的脉搏，感觉这个破碎的世界又都被胶水粘起来了。你说心里有阳光就不会绝望，可我的心情一直阴郁着，无人知晓，更无人倾诉。我当然也不愿枯萎，可在盛开与枯萎之间，花还有许多样态，人也一样，苟活于世上，比出生和死亡都更痛苦也更平常。布迪厄说得没错，这个世界四处都是硬邦邦的结构，不只是法律，还有阶级、地位、道德、习俗……甚至连婚姻也成了爱情的坟墓。对我们这些被结构困住的个体而言，每天苟延残喘下去，不悲伤不绝望，真的很困难。你至少还能哭得出来，我却连眼泪也干涸了。

　　可我们还要进一步反思，这些如此强大的社会结构究竟是从哪里来的呢？就以中国法律服务市场为例，司法行政机关总体来说，是个"清水衙门"，弱势地位当然是结构性的。究其原因，一方面是宏观的政治制度设计，但另一方面也是在国家机关之间几十年大大小小的管辖权冲突中司法部一直没能获得更大的权力，而所谓社会结构，正是在这些互动过程中逐渐稳固下来的。说到底，结构和互动之间的关系，颇有点"鸡生蛋、蛋生鸡"的味道，到底哪个更重要，还是取决于研究者的理论品味和生活史。布迪厄强调结构，阿伯特强调互动，恐怕谁也说服不了谁。

　　从芝加哥学派的视角来看，布迪厄的场域理论还有一个缺陷，就是对法律和社会变革的解释力不够——正是你信中所提到的关键问题。今天的社会学家们常常批评曾在 20 世纪中期如日中天的结构功能主义理论，说这个理论把社会想象得太稳定了，一切结构都有其功能，存在即合理，几乎没给社会变革留下什么余地。场域理论虽然还不至于此，布迪厄关于权力斗争的论述也受到了马克思主义理论的影响，但司法场域里的权力斗争真的能打破结构产生变革吗？无论是惯习、资本还是符号化暴力，这些布迪厄理论体系中的核心概念都更长于解释社会结构的延续而非改变。那么，法律变革究竟是如何发生的呢？除了谈到法学家和法律实践者之间的斗争之外，场域理论并没给出一个有说服力的解释。

　　这当然并不只是布迪厄的问题，事实上，在美国法律社会学里，虽然有大量关于法律变革的经验研究，但针对这个基本问题的理论却凤毛麟角。其中最常见的是马克思主义传统下的"冲突理论"（conflict theory），把法律变革视为意识形态矛盾和阶级、性别或种族斗争的结果。布迪厄的场域理论里虽然有马克思主义的成分，也强调权力斗争，但和马克思主义者们一样，他只是指出了法律变革背后的实质驱动力（比如阶级冲突），却并没告诉我们变革是以何种形态发生的。另外，法律人类学家们常常从法律文化和法律多元的角度分析法律制度转型和文化变迁之间的关系，但也存在和马克思主义理论类似的问题，对变革的理解太过宏观和宽泛。近年来，哈里代、卡拉泽斯（Bruce G. Carruthers）等学者提出了所谓"法律递归性"（recursivity of law）理论，将立法过程和法律实践之间的互动视为一个"螺旋式上升"的递归性过程，试图对法律变革的社会形态作出一个更加全面的描述和解释。

　　写到这里，忽然觉得头痛，才发现已经快到午夜，看来这个法律递归性只能在下一封信中再继续解释了。不知道明早会几点醒来，只希望睁开眼睛再看这个世界的时候，不再是周而复始、漆黑一片。

第 33 封信

郑旻学长：

原来你睡眠这么不好，那为什么还要熬夜呢？黎明和黄昏当然是周而复始，可递归呢，我上网查了一下定义，它并不只是循环而已，需要有边界条件，也需要有出口，我不知道你忧伤的边界在哪里，但无论如何，它总还是有出口的吧。

在春节后我最难受的那段日子里，我的室友给我发过一条信息："只因不法的事增多，许多人的爱就冷淡了。惟有忍耐到底的，必然得救。"最开始我觉得怪怪的，不知道是什么意思，后来一查才发现是《圣经》里的话。说来奇怪，这两句话我连续看了十几天之后，开始感到释然和温暖。后来我终于可以出门上课了，她才告诉我说，看我每天不吃不喝眼泪也止不住的样子，只是想传递一点点力量而已。听了她这句话，我的眼泪竟然一下就止住了，然后，一切就慢慢好了起来，真的很神奇。现在回想起来，或许那就是我的出口吧。

说到变革，马克思主义理论不是解释得很好吗？法律是统治阶级的工具，统治阶级不变，意识形态不变，法律也不会有太大变化，而只有当革命发生了，统治阶级更换了，才能有真正的法律变革可言。但话说回来，法律变革毕竟不是政治革命，不可能把旧制度完全摧毁。我记得读硕士时有一次在图书馆闲得无聊，就去过刊室找旧期刊翻着玩，偶然翻到一本 20 世纪 80 年代初的《民主与法制》，里面的"法律顾问"栏目有一封读者来信，问的问题是法官能不能用《六法全书》判案……我当时看了觉得很无语，那时候新中国都成立三十多年了，民国的《六法全书》在实践中居然还有人用！可后来又想想，20 世纪 80 年代初正是我国当代法律体系重建的最初时刻，除了《刑法》《刑事诉讼法》《婚姻法》等几部主要法律之外，的确没什么法条可用，把《六法全书》翻出来或许也是无奈之举吧。所以你看，法律的延续性有多强。

　　除了延续性之外，我觉得法律变革也还有滞后性。记得读本科时民法老师就讲过，许多习俗都是变了好多年之后才会写到一个国家的法律里，比如通奸罪的废除，还有同性婚姻的合法化，都是很典型的例子。改革开放四十多年来，我们总是希望用国家主导的法律变革来推动社会变革，结果往往事与愿违，书本上的法和行动中的法之间的鸿沟一直很大。所以我想，要真正理解法律变革的逻辑，或许要先把社会变革研究清楚才对。你说呢？

　　等你睡觉睡饱了，再给我讲法律递归性理论吧。想到你头痛却又哭不出来的样子，真有点不忍心写了。

第 34 封信

杜荔学妹：

　　收到你的信时，我正顶着时差在康桥做讲座，讲完后一个人躲起来喝了点酒，然后走在雨后潮湿的石板路上，用这个古老的英伦大学城做一个见证。把心头的伤翻出来是件无比残酷的事，我不是自虐狂，也学不会像你一样流泪，甚至忘了喝醉的滋味。于是只好用适度的酒精来麻痹自己，让不停的脚步碾压记忆，直到精疲力尽。我清楚自己的方向，却只能走走停停，在昏迷中把痛感和酒精一起排泄出去。马克思说过，"宗教是人民的鸦片"，其实组成"人民"的不就是一个个经历苦痛的个体吗？比如我和你。我不知道自己是否能得救，但也只好忍耐到底，或许有一天真的冷淡了，一切就过去了吧。

　　我总觉得把法律作为统治阶级的工具，作为被经济基础所决定的上层建筑，让法律自身所包含的价值和理念都变得渺小了。但公允地讲，"冲突理论"的视角对法律社会学的影响是极为深远的，后来如日中天的各路批判性理论，比如女性主义理论、批判

性种族理论、法律意识理论、法律动员理论，其实归根结底都是
冲突理论的变种而已。

除了你提到的法律的工具性之外，当代的马克思主义法律社
会学还十分强调法律的意识形态和霸权（hegemony）。按西尔贝的
讲法，意识形态是那些还在被争论的信念，而霸权则是人们已经
在潜意识中接受了的信念，二者都会对个体的法律意识有深刻的
影响。国家对法律意识形态的控制和垄断，自然也就成了统治阶
级的工具，比如你说的《法律顾问》栏目，其实就是一种国家法
制宣传的巧妙方式。所以说，法律作为工具未必只是有形的"刀
把子"或者"枪杆子"，更厉害的是把观念植入人的脑子里，你看
美国人说起"宪法""法治"这些概念来总有种宗教般的信仰，这
就是独立战争后二百多年法律霸权潜移默化的影响。

那么革命与法律变革到底有什么关系呢？这方面最经典的研
究莫过于伯尔曼（Harold J. Berman）的《法律与革命》一书，如
果我没记错的话，20 世纪 90 年代就已经有了中文版。不过当年方
兴未艾的比较法研究近年来在国内越来越弱势，不知道这本经典
著作还有没有人读。《法律与革命》从民俗法写到教会法，再写到
封建法、庄园法、城市法、行会法等世俗法，时间跨度一千多年，
后来伯尔曼又写了一本续集，增加了新教改革对西方法律传统的
影响，尤其是 16 世纪的德国宗教改革和 17 世纪的英国革命对法律
哲学以及刑法、民商法、社会法等部门法的塑造。两本书放在一
起，基本上把以欧洲为中心的法律变革与社会变革之间的互动关

系梳理清楚了。当然，欧洲法律史并不能代表全世界，比如殖民主义对过去几百年来世界各国的法律制度影响深远，但在伯尔曼的书中就几乎没有体现。

扯了这么远，我都差点忘了给你继续讲法律递归性理论了。你说法律有延续性和滞后性，是个敏锐的观察，从根本上讲，这两个特性都是关于时间的。法律递归性理论和关于法律变革的冲突理论或者文化理论的最大区别，就是它所关注的重点是变革过程所呈现的社会形态，而不是变革的实质内容或意涵。这里的所谓"递归性"，并不是卢曼的法律系统论中所谓的法律系统与外部环境之间的"递归沟通"（recursive communication），它的意思是，法律变革不是直线上升的，而更像是螺旋式上升，因为这个变革过程中充满了不确定性和各种冲突、斗争，不可能如立法者所愿的那样一帆风顺。

哈里代等法律社会学家通过对破产法、刑事诉讼法等不同领域的实证研究，归纳出了法律递归性的四个特征：不确定性、矛盾、判断斗争、主体错位。其中"不确定性"是指任何法律都不可能百分之百地精确，而总有模糊的地方，有时立法者甚至会故意把法律条文写得含糊一点，为法律执行留下裁量权。"矛盾"包括理念性矛盾和结构性矛盾，比如刑事司法中的惩罚犯罪和保障人权，就是两种相互矛盾的理念，而检察官和辩护律师之间的矛盾，则是一种结构性矛盾，是由二者在刑事诉讼架构中的位置所决定的。"判断斗争"（diagnostic struggle）的意思是说不同行为主体在立法和法律执行过程中对同一个问题会有不同的判断，并由此产生斗争，比如工人和雇主对劳动法的理解就经常不一样，从而引发劳工权益冲突。"主体错位"是指有的人参与了立法，却不参与法律实施，而另一些人参与了法律实施，却不参与立法。比如有些法学家经常参加立法研讨会，但他们研讨的法律在执行时却并不会对这些法学家本人有任何影响。而反过来讲，很多在实践中被法律所影响的人却并没有参与立法的机会，比如刑事诉讼法会直接影响犯罪嫌疑人和被告人，但修改法律的时候却不会参考他们的意见，甚至连刑辩律师有时都没有参与立法的机会。

正因为存在这四个特征，法律变革就不可能是线性的，而必然会"进两步、退一步"，有时甚至会"进一步、退两步"。从法律递归性的视角来看，你提到的法律的延续性和滞后性就都很好理解了，延续性恰恰是因为即使是革命也不可能让法律变成脱缰的野马，摆脱一切社会矛盾和斗争，而滞后性则是因为主体错位、判断斗争和不确定性等问题往往会让法律变革比社会变革更难也更慢。如你所言，试图用法律变革来推动社会变革的想法虽然很好，实践起来却问题多多，不仅在我国如此，你看美国那些周游世界搞各种"法律与发展"项目的学者，成功的没几个。早在1974 年，楚贝克和格兰特两位年轻时曾参与过这些项目的美国法律社会学家就写过一篇自嘲的文章，认为研究法律与发展的学者们虽然心怀天下，可最终真正能理解和改变的也只不过是自己国家的法律制度而已。

　　写到这里，我也来自嘲一下，这个世界上当然还有许多力量和温暖，可就像那些法律与发展学者一样，即使飞了几十万公里，我每天能触得到、感受到的也只有自己。康桥的风景再美，象牙塔的石板路再潮湿，也都只是异国风情，并不属于我。等回到家，脱下这身西装，疲惫袭来的一刻，镜中的那个人依然哀伤。

　　对不起，我好像振作不起来了……

第 35 封信

郑旻学长：

我的家乡在南方海边的一个小城，是个山清水秀、风景如画的地方。每年夏天都会有一两次台风从海上袭来，疾风骤雨把城里的街道和房屋吹得七零八落，偶尔还会有人受伤，甚至死亡。台风过后的几天，整个城市就像战争刚结束时的废墟，惨不忍睹。不过，我们这些生长在海边的小孩呢，早就习惯了一次次摧毁和重建，等到秋天收获的季节，自己的家园就又焕然一新了。我不知道你心里伤在何处，也不知道那里的废墟是否惨不忍睹，但也许我们可以试着重建，你看我受了那么多感情伤，特别苦、特别痛，不也都爬起来了吗？也许，你把自己的心敞开来，用双手触摸内心的青草和泥土，一块砖、一块瓦地重建灵魂家园，慢慢就不哀伤了。

谢谢你忍着伤痛给我讲这个法律递归性理论，说法律变革是螺旋式上升，我觉得有道理，不过，也不是什么时候都能上升吧？螺旋式下降，想必也是有的。而且，不确定性、矛盾、判断斗争、主体错位这四个特征，虽然都言之成理，可我为什么感觉有点太机械和僵化了呢？比如主体错位，肯定是存在的啦，但不同时期的不同立法过程，主体错位的形态应该也有所差别吧？你举的刑事诉讼法的例子里，律师们以前参与不了立法过程，可现在就经常参与了，而且有些法学家其实也兼职做律师，说他们不参与法律实践，恐怕也不全对。再比如不确定性，这个肯定是没法避免的，只是程度问题而已。可是，从经验研究的角度看，法律条文的不确定性大小，或者主体错位程度的大小，又该怎么测量呢？

这四个概念里我觉得最有趣的还是判断斗争，它描述的是一个动态过程，而不是静态特征，和其他三个概念似乎不太一样。其实说起来，我们的这些信里也有好多判断斗争呢……比如对女性主义的理解，唉，我看恐怕永远都是鸡同鸭讲啦。

《法律与革命》我还没读过，听上去是那种历史跨度和学术野心都很大的书，有一点点害怕。不过我刚读了篇书评，写的是你前几封信里提到过的德加雷和加茨这两位法律社会学家的新著《作为再生产与革命的法律》（*Law as Reproduction and Revolution*），那本书好像就借鉴了《法律与革命》的理论视角，也用了布迪厄的场域理论，把法律职业的全球史从 11 世纪末期的博洛尼亚写到 20 世纪的美国，再写到 21 世纪初的亚洲。两位作者认为，作为国家与市场之间的"居间人"（brokers）和"资本转换者"（capital converters），法律精英群体的再生产并不是一个众生平等的教育和实践过程，而是一个将上层阶级家庭的后代通过精英法学教育和法律实践培养成专业人士的资本转换过程。你看世界各国的律师业几乎都由各种"二代"把持着，我国虽然律师业恢复只有三四十年，阶层固化也没国外那么严重，但就我的观察来看，最近几年身边的律师"法二代"也越来越多了呢！

不过，那篇书评对这本书的批评，恰恰是你提到的殖民主义问题，认为法律全球化的历史进程其实体现了几个主要殖民主义国家的国内政治与社会需求，无论是在英、法等国主导的19世纪还是在美国主导的20世纪，都是如此。20世纪中后期的那些法律与发展项目，还有最近二三十年蓬勃发展的各种人权和平等权项目，不也是美国向发展中国家输出制度和意识形态的载体吗？难怪格兰特、楚贝克这些强调"行动中的法"的法律社会学家会如此失望呢。

说到法律的意识形态和霸权，我觉得冲突理论本来就很好很强大嘛，比如男女之间的性别冲突，归根结底就是因为父权的意识形态千百年来潜移默化地塑造了这个社会的各种法律和制度，成了压迫女性的霸权。这样一种霸权已经不需要什么"统治阶级"来实施了，而是成了文化和生活习惯，或者你以前提到过的布迪厄所谓的"惯习"。这种无形的控制才是最难打破的，也恰恰是女性主义所要挑战的东西。如果连冲突的根源都看不清楚的话，变革又从何谈起呢？你说冲突理论让法律自身所包含的价值和理念变得渺小了，我完全不同意，法律的工具性是个双刃剑，统治者可以用，被压迫的人也可以用，工具可以用来压制，也可以用来反抗。而无论结果如何，反抗本身，就是价值的体现。

你什么时候回到芝加哥呢？到家之后，别忘了给我回信，即使振作不起来，也请报一声平安。

第 36 封信

杜荔学妹：

　　刚下飞机就收到了你的信，回程的旅途很顺利，请别担心。我的心病不是一天两天的急症，而是多年的慢性病，平时把它掩埋在记忆深处，不想也不会痛，可一旦想起来，就痛不欲生。或许是康桥的象牙塔和石板路太不真实，让我灵魂出窍了吧。所以，现在就只能又一次扛起沉重的铁锹，一下一下地将它重新掩埋，直到全都看不见了，再努力说服自己，做这具行尸走肉。

　　社会学芝加哥学派战后第二代的代表人物戈夫曼曾经写过一本书叫《精神病院》（*Asylums*），写的是所谓"全控机构"（total institutions），也就是一个让许多处于相似地位、与外部社会脱节一段时间的人一起过一种封闭的、受到正式管控的生活的场所。除了精神病院之外，全控机构的例子还包括监狱、军队、集中营、寄宿制学校等。进入这类机构的人要经历一个"自我屈辱"（mortification of the self）的过程，在这个过程中，自我的"领地"会遭到各种身体上和人际关系上的侵犯和污染。我刚才在飞机上忽然想起这个"自我屈辱"的概念，觉得自己虽然早就完成了这个痛苦的过程，但似乎还并不够彻底，如戈夫曼所言，全控机构是"一个显现出许多小岛的死海"，而现在的我，或许正蜷缩在某个小岛上瑟瑟发抖吧。

你说到霸权对人无形的控制，这其实并不像冲突理论，而更像与戈夫曼同时代的法国思想家福柯的权力理论，事实上，西尔贝关于法律意识和法律霸权的论述，其思想源泉之一就是福柯。福柯对权力的理解与韦伯、马克思都不同，他认为"权力无处不在"，对人的控制是弥散性的，并不需要施加权力的行为主体。在《规训与惩罚》一书中，福柯用这个独特的权力视角解释了 18 世纪中后期监狱在欧洲社会的兴起，他认为，与暴力、血腥的断头台相比，监狱并不是一种更人性化的惩罚方式，而是更加经济、有效。因为断头台上的处决虽然有观赏性和戏剧性，但对公众的警示作用只是一瞬间，而监狱就坐落在城市里，人们每天都看得见，而犯人们的身体就成了规训对象，向整个社会不断展示着犯罪的后果。于是，现代监狱里发展出了各种试图将人规训为"服从的身体"（docile body）的技术和工具，从管理犯人每天的时间开始，直到发展出中央监控式的"全景监狱"（panopticon）。这种现代意义上的规训并不需要酷刑，而是将犯人"客观化"，甚至连惩罚的权力都被"客观化"了，不再需要一个可见的、有形的主权者来实施。所谓权力无处不在，指的就是这种看不见摸不着却无时无刻不控制着我们每个人行为的权力。

在《规训与惩罚》的结尾，福柯问了一个意味深长的问题：为什么监狱和工厂、学校、兵营、医院都有相似之处？仔细想想看，现代社会的许多机构、制度、程序每天都在规训着我们，比如我每次坐飞机通过安检时都要按规定脱鞋、解皮带、掏出电子设备……飞得多了，这一套规定动作就做得越来越熟练，甚至看到其他旅客动作慢了都会很不耐烦，这其实不也是一种被规训的表现吗？

我第一次读福柯时，觉得他真是太有原创性了，而且文笔实在太好，远远超过绝大多数社会理论家。不过后来读了戈夫曼的《精神病院》，才意识到他们那一代社会学家观察到的 20 世纪中期的各种社会问题，其实有许多相通之处。比如戈夫曼笔下的全控机构与福柯笔下的监狱，不就很有可比性吗？只不过戈夫曼秉承了芝加哥学派的传统，没有福柯那么强的批判性，也不太关心权力问题，而是试图把社会情境中人与人之间的互动过程生动形象地展现出来。与福柯的激情四射相比，戈夫曼的文字里透着一股亲切的小聪明，甚至有点轻蔑。但我认为在 20 世纪中后期的西方社会理论家里，这两个人或许是文笔最好的，也是把现代社会中的人写得最到位的，不像布迪厄笔下那些单调无聊的"行动者"，都像牵线木偶一样，既不会欢笑，也不会流泪。

写到这里，很想和你分享福柯在《必须保卫社会》中关于法律的一段话："法律并非生于自然，也并非降生于最初牧羊人常去的泉边：法律生自真实的战斗、胜利、屠杀和掠夺，它们都有确实发生的时间和令人恐怖的英雄；法律生自焚毁的城镇和被蹂躏的田野。它的诞生伴随着伟大的无辜者在太阳升起时的死亡。"这是我读到过的关于法律的起源最有力量也最美的话之一，想把它送给你。那些屠杀和掠夺、蹂躏和死亡，虽然早都成了历史的印记，但其中的残酷和暴力却一直延续下来，直到今天，变成无处不在的权力之下，每个人的监狱。

第 37 封信

郑旻学长：

你到家了就好，好好休息哦，也许睡饱了心情就会好起来的。不过，如果福柯所写的是"服从的身体"，那我看你简直就是个"服从的灵魂"，把自己压抑得像具行尸走肉，你的灵魂到底埋在何处了呢？我真想变成个探险家，钻进你的脑海里，把它给挖出来。可那样的话，你是不是又会痛了？而这自我屈辱的来源，压抑着你的那无形的权力，究竟是这个世界，还是你自己？

好喜欢你分享的这段福柯的话，你看我们谈了这么久法律社会学，谈的一直都是纠纷解决啦、法律意识啦、律师和法官啦，可至今都没怎么涉及法律里最残酷的那些东西，比如暴力、酷刑、杀戮、死亡……你是不是因为我是个女生，故意不愿和我谈这些呢？其实女生的痛点要比男生高很多，怀孕生子就是一种你们根本无法想象的痛，要真的把我们两个都放到老虎凳或者断头台上，先受不了的还不知道是谁呢。所以，请你如实交代，法律社会学里，有什么关于暴力和死亡的理论呢？

说到"全控机构"，你看我这种已经在燕大宿舍里住了将近十年的人，衣食住行几乎都离不开这个园子，周围能接触到的人也大都是老师和学生，这不是和戈夫曼所描述的情境有点相似吗？区别或许只是我们偶尔还会走出校园放放风而已。不过，我并没觉得在学校里经历了什么自我屈辱，福柯所谓的"全景监狱"倒真是无处不在呢。在这个到处都是摄像头、手机随时可以拍视频的世界里，想做个不服从的身体，实在太难啦。

说到规训，其实学校的日常生活里就有许多方式，比如进出门要扫码、刷脸，各种报销要填表，课程大纲要用固定模板，讲课要用PPT，甚至连教室里都装了摄像头……真让人觉得无处可藏。如果套用你说的戈夫曼的死海比喻的话，那我每天晚上一个人戴着耳机绕着未名湖散步的那半个小时，或许就是这海上不多的小岛了吧。

写到这里，忽然感到一种莫名的悲哀，我的生活不知何时过成了如此孤独的样子，虽然有这么多同学和朋友，却没有任何人可以敞开心扉地交流，每个人都躲在自己的电子设备和虚拟世界里，逃避着疲惫不堪的现实生活。没有话语，没有肢体接触，甚至连表情也被口罩挡住了，这样才是最安全的。你说戈夫曼与福柯的区别是展现了人与人之间的互动过程，可倘若没有了"社会情境"，人们都沉默着擦肩而过，那整个世界不就都成了个全景监狱了吗？

真希望你收到这封信时，心已经没有那么痛了。无论如何，我们也许只能慢慢学会面对这些痛苦，正如必须面对法律的暴力和残酷。别再这么继续压抑自己了，好不好？

第 38 封信

杜荔学妹：

　　给你回这封信之前，我在市中心千禧公园的水泥地上坐了许久。这个公园里有一颗巨大的"豌豆"，在春光灿烂的午后闪闪发亮，好像一面扭曲了的镜子，把来来往往的人映在里面，却全都变了形。而我的影子，在镜中也成了个渺小的黑点，除了自己之外，没有人会看见。

　　你所描述的那种孤独的生存状态，其实就是现代社会里人的常态啊，这也是为什么 19 世纪中后期第一代古典社会理论家笔下的概念，几乎都是回应这种状态的，比如马克思的"异化"、涂尔干的"失范"、韦伯的"铁笼"、齐美尔的"陌生人"……你看，虽然过去了一百多年，我们不还都是困在铁笼里、异化了的陌生人吗？而涂尔干的失范概念，最初其实是用来解释自杀行为的。所谓失范型自杀，指的是一个人在社会变革秩序混乱的时候失去了明确的价值观和行为规范而导致的自杀，比如战争、疫情、经济危机等宏观社会事件都会导致自杀率上升。所以，自杀看似是个人的决定和行为（涂尔干称之为"利己型自杀"），其实也是一种与道德和规范密切相关的社会现象，是人的个体性与社会性失衡的后果。个体性太强了，会产生更多的利己型自杀；而社会性太强的话，就会有更多的利他型自杀（如屈原投江）；失范型自杀则是社会整体失去稳定的表现。

我是个天性乐观的人，以前从没有过自杀的念头，可最近心情很差的时候，却时常会想到死亡。那天忙里偷闲去艺术馆里赏画，从三楼的楼梯上往下看，居然有一股想跳下去的冲动……我不知道自己究竟是怎么了，或许是从前的旧伤复发，时而痛不欲生，也或许是这几年美国的政治社会环境越来越差，每天连看看新闻都觉得很压抑，不知道这个世界还会不会好起来。所以，你说我究竟是失范型还是利己型呢？

美国法律社会学里关于暴力的理论很多，关于死亡的理论却很少。但即使是谈暴力，谈的往往也是警察如何对少数族裔施暴，或者家庭暴力、黑帮之类的题目。而一些更令人发指的暴力行为，比如种族灭绝、战争屠杀，写的人却不多。其中比较有名的是哈根（John Hagan）关于苏丹等地区战争中种族屠杀行为的研究，不过他是犯罪学家出身，用的是定量方法，虽然也提出了"集体去人性化"（collective dehumanization）等解释性概念，但对屠杀中人与人之间的具体互动过程却并没有太多描述。

我个人比较欣赏的是美籍日裔政治学家藤井李安（Lee Ann Fujii）的一篇文章，她用一种类似于戈夫曼的戏剧表演理论比较了越战期间美军士兵对越南村民的屠杀、卢旺达种族灭绝中的轮奸、美国种族隔离时期对黑人的游街绞刑三种极为残酷的杀戮，试图解释为什么人们会使用比致命伤害更多的极端暴力。她认为，如果把屠杀作为一个表演过程来看的话，那么其中的"演员""观众"和"舞台"都是动态变化的，同一个人在不同阶段会扮演不同的角色，而某些角色在某个特定情境下会获得权力、地位和可见度。以美军对越南村民的屠杀为例，美军士兵在进村之前以为自己面对的是全副武装的越南军队，内心充满了一场战役之前的恐惧，而迎接他们的却是几百个手无寸铁的平民，于是这些士兵开始了一次"嘉年华"式的大屠杀，在这个过程里，"持枪的人是受害者，没有枪的人却是威胁；婴儿成了敌人，而杀人犯却是你的朋友"，整个场景完全失控，士兵们有时是主角，有时又是看客。

　　每次读到这个情景的时候，我总会禁不住问自己，等越战结束后，这些杀人的美军士兵回到家中，该如何面对和理解这场屠杀呢？他们是会终生负罪、精神失常，还是会选择遗忘？或许每个人都会找到一种忏悔的方式吧，也或许，他们只是认为自己在履行军人的职责而已，并没有什么过错。归根结底，人是一种既自私又冷漠的动物，对他人的痛苦，很难感同身受，而对自己的罪和错，却又无比宽容。平民如此，士兵如此，即使是那些名垂青史的政治人物，也不过如此。我们总会自觉或不自觉地把自己和别人的苦痛隔离开，分成许多看不见的空间，然后选择一个舒适的地方，把自己藏起来。

　　所以，很抱歉，不能让你这个探险家进入我的领地，因为即使你进来了，也不能改变什么，你以为是在与我共情，其实感动的只是自己。十字架在我的肩膀上，有多少重量，只有我心知肚明。就像残酷的战争和杀戮一样，读过、看过、感受过之后，有时我也会自问，为什么一定要让我们的后代铭记这些东西呢？不知道的话，他们是否会活得更好？

第 39 封信

郑旻学长：

　　抱歉拖了这么久才给你回信。我一周前鼓起勇气做了矫正近视的激光手术，这几天都不能看电子屏幕，还要定时滴几种不同的眼药……整个世界虽然逐渐清晰起来，但日常的模糊和眩晕感还是特别不习惯，医生跟我说视力完全稳定下来要一两个月时间呢。做这个手术其实只是因为爱美而已，并没想到会有这么多疼痛和不便，但现在既然做了，就再也没了选择。身体是自己的，我只能把它照顾好。

　　说到自杀，我虽然可以理解失范这个概念，却真的无法体会那种被社会力量推到绝望以至于要放弃生命的感觉。即使是精神最不好的那些日子里，我也能每天听到自己的心跳，感到眼泪从眼眶里无声地流出，这个世界给的压迫再强大，只要还有这副肉身和这些情感在，我就会继续活下去。倘若有一天，真的要面对士兵的枪口或者强奸犯的铁链，那我也要挣扎到最后一刻。我不知道你的生命里曾经发生过什么，但十字架即使再沉重，也是你自己的感受和体验，真死了的话，连残存的这点记忆都没有了。更何况，即使自杀也要找个合适的地方嘛，从艺术馆的楼梯上跳下来，未免也太残暴了吧？亏你想得出来……

我觉得失范理论的一个致命问题，是过于强调社会因素对一个人的影响了。就算从数据上看，经济危机或者疫情会导致自杀总人数上升，那具体到每个个体身上，原因不还是千奇百怪吗？比如你谈到的这些感受，真的是因为美国的政治社会环境不好才有的吗？我猜这并不是最重要的原因吧，归根结底会不会是你自己的个人经历所引发的感受和情绪呢？如果社会学研究关注的仅仅是宏大的"社会现象"而忽视了人的情感，我想这并不是个好理论，至少不是我喜欢的社会理论。

我几年前也读过哲学家吴飞关于自杀的两本书，他好像也是学社会学出身的，书中指出中国的自杀人群并不像西方国家一样集中于男性、城市、中年人，而是有许多妇女、农村人、年轻人或老年人。吴飞的田野调查发现，自杀是一件处于我国任何公共机关职权范围之外的事，没有一个单位的职权会包括管理自杀这一项，因此几乎找不到可靠的关于自杀的地方统计。事实上，我国农村的大部分自杀发生在家庭之中，而不是在媒体上经常看到的那些与社会不公相关的自杀事件。吴飞认为涂尔干对自杀的一个基本假定是错误的，也就是把自杀视为社会或个人偏离了正常状态的"越轨"现象，而其实绝大多数自杀的人并没有什么精神病，都是普通人。中国人常用"命"这个字来理解自己的生活，死亡不仅是生命消逝了，也是命运终结了。而自杀的人，往往并非偏离了社会常态，而是对某些社会或道德规范过于认真的人，是在"过日子"和"做人"时感觉到受了委屈的人。

在《自杀作为中国问题》一文的结尾，吴飞写道："如何在现代的处境下维护人格的尊严，同时又过上幸福的日子，是这些自杀者督促我们问的问题。"十几年后的今天，这个问题似乎比从前更难回答了，甚至显得过于理想主义。对我这一代年轻人而言，幸福的日子还没看见，人格尊严却似乎已经在日复一日的规训之中消失殆尽，能找个相对舒适的角落躺平，就很知足了。真心羡慕你们这些比我年长的学者，至少在年轻时还体验过对人生理想和美好未来的憧憬，而我们这代人呢，连翅膀都还没长硬，就没了飞起来的可能性。你说我们都无法对他人的痛苦感同身受，这或许是事实，但一个人躲在所谓"舒适的地方"，忘记历史也忘记仇恨，其实是特别无奈、悲哀乃至可耻的一件事。我宁愿多读点真实的历史，多感受些他人的苦痛，甚至多流点眼泪，也不甘心就这么以躺平的姿势老去。

眼睛又痛了，就写到这里吧，我得去点眼药了。每次点完眼药总要闭目养神几分钟，在一片黑暗里，总能看到些模糊的色彩和形状。我不知道那是什么，就开始不由自主地想象你上封信中提到的一个个残酷的杀戮场景，然后把自己吓得睁开眼，发现面前的世界居然如此鲜活、如此清晰。我想，人类即使再冷漠、再自私，只要还能感受到这个世界的些许美丽，活着就是有意义的。

第 40 封信

杜荔学妹：

　　你的确比我勇敢，我虽然也已经戴了十几年眼镜，却从没有过你这般勇气，让机器在自己的眼睛里划出一道伤痕。我这个人的痛点很低，对苦痛的默认态度就是逃避，眼前的画面太残酷，那不如干脆闭上眼，去想象一幅更美好的图景。这个世界上的苦难太多太沉重，都放在自己肩膀上，谁能扛得住呢？吴飞的书我还没读过，但你提到的观点我倒是认同，死亡就是命运的终结，而自杀也并非什么越轨行为。至于幸福和尊严呢，我想他憧憬的生活状态或许太理想化了，其实不止在中国，任何时代的任何地方，能同时拥有幸福和尊严这两样东西的人，恐怕都不多。

　　但回到法律的问题上，真正的理论关键在于，法律能在多大程度上维护人的自由、安全、幸福和尊严，而防止暴力对人的各种侵害。事实上，关于"法治"（rule of law）概念的诸多理论辩论中的一个根本分歧，就在于法治是否应该超越程序正义的基本要求，而同时涵盖那些涉及道德和价值观的元素，也就是我们常说的实体正义和基本人权。前者通常被称为法治的"薄"（thin）理论，而后者则被称为"厚"（thick）理论，但其实二者都存在明显的问题。薄理论的问题在于，如果法治只关注正当程序而不考虑有关善恶的实体正义的话，那么甚至连纳粹德国这样的政权也可以被认为是高度法治化的。而厚理论的问题在于，民主、人权等许多和法治相关的所谓"普世价值"其实都反映了某种狭隘的霸权主义，法治概念的内涵太厚的话，很容易成为西方国家的文化侵略工具。这个薄厚之争持续了几十年，也一直没争出什么结果来。

关于法治的各种五花八门的理论中我觉得最有见地的一个，是研究缅甸法律制度的澳大利亚学者切斯曼（Nick Cheesman）提出的。他在对于缅甸的法院、公安等各种法律机构的实证研究中发现，缅甸的所谓"法治"其实并非西方人所讲的"法律之治"（rule of law），而更像是"法律与秩序"（law and order），这两个概念之间存在一种"不对称的对立"。切斯曼认为，传统上学者们总认为"法律之治"的对立面是"人治"（rule of man）或者"依法统治"（rule by law），但其实"法律之治"和"依法统治"之间的区别，更像是理想与现实的差异，并没办法在二者之间划出一道明确的界限。人治与法治之间的界限也很模糊，因为即使是在法治高度发达的地方，也还是要靠人来统治；反之，即使是在国王一个人说了算的君主政体之下，国家治理也不可能完全脱离法律。

而"法律与秩序"却与"法律之治"形成了一种有趣的对比，如切斯曼所言："法律与秩序制造了秩序，而法律之治是有序的。"（Law and order *makes* social order; the rule of law *is* orderly.）法律之治的目标是减少随意性（arbitrariness），法律与秩序的目标则是减少不稳定性（restlessness）。以他所研究的缅甸为例，切斯曼认为法律与秩序并非西方法治理论中经常假定的那种以民意为基础的内生性法律秩序，而是强调国家从外部对每个人施加规训，尤其是强调警察权的重要性，因为"警察所关注的是良好使用国家权力来维持秩序、禁止失序"。国家可以支配和管理公民生活的一切方面，于是警察权和行政权（而非司法权）就成了国家管理最宽泛的象征，而这种管理并不是通过法律完成的，而是通过一种"良性监护"（benign custodianship）。良性监护的效果是国家权力对公民的规训，使公民不但守法，而且是服从和被保护的。

所以你看，法治这两个字看似简单，背后所涉及的理论多样性和分歧却如此之大，而所谓"法律与秩序"既不薄也不厚，却构成了与"法律之治"最好的对照。再进一步，如果我们必须在秩序和稳定二者之间进行选择的话，究竟是一个稳定的社会更好，还是一个有序的社会更好呢？对个体而言，自由、尊严与安全相比，究竟哪个更重要？而幸福究竟又是什么？这些问题我曾经以为自己知道答案，后来发现那其实只是年轻时的幻觉与狂妄罢了。

我最近失眠很严重，吃了褪黑素也不管用，不知道是不是心理压力太大的缘故。明天要去医院见医生，希望能开到些更好的药。无论如何，我会在这个无眠的凌晨默默祝福你，愿你的眼睛早点痊愈，也愿你能在这个痊愈的过程里感悟到生命的新意义。就像那句我曾经痴迷过的顾城的诗："黑夜给了我黑色的眼睛，我却用它寻找光明。"说来奇怪，这句诗我年轻时觉得很冷很孤傲，现在读起来，居然读出了一丝温暖。

第 41 封信

郑旻学长:

我的眼睛已经好多了,虽然视力还有些波动,但真的可以不借助眼镜就能把这个世界看清楚,每次照镜子时还有一点点激动呢。既然有了雪亮的眼睛,那我就更不会像你那样闭上眼逃避痛苦,因为归根结底,就算我们的痛点很低,无法分担别人的苦难,但当这些苦难发生时,我们只要看到了,就无法视而不见,更不能事不关己、高高挂起。你扪心自问一下,面对身边的灾难、同胞的鲜血,你真的可以冷漠到无感吗?反正我做不到。

所以,如果真的非要在法治的"薄""厚"理论之间选择的话,我宁可选厚一点的,因为如果法治的定义薄到只局限于程序正义而不涉及道德和价值的话,那这个理论就是没有血肉和情感的。就像你以前说不喜欢布迪厄的场域理论一样,这种冷漠得可怕的理论实在没法打动我。至于说法治的厚理论会导致西方文化霸权,这不无道理,但我们也可以构建有中国特色的法治厚理论,然后再去挑战霸权嘛!比如人权这个东西,美国整天讲的都是公民权利和政治权利，而我国则一贯强调生存权和发展权……我们可以有不一样的厚理论，倘若只是为了防止西方霸权就抛弃厚理论，那岂不是因噎废食了？

至于作为薄理论核心的法律正当程序的作用，不恰恰是切斯曼所谓的减少随意性吗？这个道理其实季卫东老师在《法律程序的意义》一文中就已经说得很清楚了。那篇文章虽然是 1993 年发表的，但三十年后的今天读起来，还是句句都切中法治问题的要害，很让我们这些后辈汗颜呢。不过，切斯曼讲的法律与秩序，倒是个蛮有意思的概念。他笔下的缅甸听上去俨然就是个警察国家，说警察代表了国家对社会进行良性监护，我觉得非常有道理呀。你看我们平时去派出所办事，或者在街上遇到什么困难，第一个想到的不就是警察叔叔吗？可如果按照切斯曼的说法，这种良性监护的功能其实是维护稳定，是让老百姓服从，那不也就成了一种福柯所谓的规训了？而且，法律与秩序最终是否要靠暴力来维系呢？如果是的话，那它还是良性的监护吗？归根结底，什么是良性，什么是恶性，还涉及法治的道德意涵。我觉得，切斯曼只讲清楚了"法律之治"不是什么，却并没对法治是什么这个根本问题给出一个正面回应。

你说你年轻时曾经以为自己知道在秩序与稳定之间、自由与安全之间如何选择，现在却不知道了，这到底是为什么呢？是因为年纪大了，人变得保守了？还是因为生活缺乏幸福和安全感呢？有时真的觉得自己离你好远，不但看不到你的过去，而且连你现在的样子都只能一个人在书桌前想象。谢谢你给我的祝福，可是我并不想用黑色的眼睛去寻找光明，只想用它们看看你在黑暗中独自无眠的样子。如果可以的话，这个夏天，我想飞越太平洋、穿过北极圈，来芝加哥探望你，为你唱一首摇篮曲。

第 42 封信

杜荔学妹：

你的摇篮曲我很想听呀。可惜我们之间隔着如此之远的时空，你写信的时候我刚刚吃了医生给的安眠药昏睡过去，而醒来看到如此温暖的文字。那一刻，黎明的光已经浸满了整张床，不再需要摇篮曲来助眠了。记得我曾经写过，这时空的错位感正是书信最美的特质，而今天再想起来，却感到特别忧伤。你真的要来这个风城看我吗？或许只是为了安慰我说说而已？就算真来的话，办美国签证就要好几个月，等你签证拿到了机票买好了，夏天也已经过去了吧。这些时间和空间对人的制约，我一向都明白，可从没像现在这样感受得如此真切。

人如是，法律也一样，再稳固再僵硬，也逃不出时空的制约。我们之前谈过场域和生态这类空间理论，也谈过法律变革这个关于时间的问题，却始终没把这两个维度放在一起考量。其实在当代法律社会学理论里，也有学者主张时间和空间是无法割裂开的，比如多伦多大学的荣休教授巴尔韦德（Mariana Valverde）就写过一本理论书，叫《法律的时空体》（*Chronotopes of Law*）。"时空体"是个很生僻的词，似乎起源于物理学的相对论，后来被俄国哲学家巴赫金（Mikhail Mikhailovich Baktin）用来分析生命的时间和空间维度之间的相互影响。巴尔韦德认为，法庭就是一个时空体，因为它所在的空间只是在特定的时间里才成为法庭。在开庭时间之外，这个空间并不是国家司法权力的象征，而只不过是某座政府机关大楼里的一个房间而已。

同样，监狱也是一个时空体。如同福柯在《规训与惩罚》中所描绘的那样，犯人们在监狱里不只受到活动空间的约束，也被每天的日程表所约束。监狱生活的节奏是高度统一的，什么时候吃饭、什么时候睡觉、什么时候洗澡，犯人自己都无法掌控。巴尔韦德认为，要想真正理解监狱生活，就必须理解"地点"（place）和"节奏"（pace）之间的关系，而不能把空间和时间作为两个彼此分离的维度来分析。巴尔韦德举的另一个例子是死亡证明，当这张证明一个人已经死去的纸从医生的手中传递到法庭上，成为案件证据链中的一环，这张纸就具有了新的意涵。律师可以用它来讲述一个令人悲伤的故事，呈现出死者家属的痛苦。只有在这样一个特定的时空体里，死亡证明才能实现其法律意义。

哎，我怎么讲着讲着又讲到死亡了？……其实，巴尔韦德这个法律时空体理论除了把时间和空间放在一起之外，还有另外一

个特点，就是强调法律的沟通和治理过程中的情感和审美。比如
在这个死亡证明的故事里，是不是透着一种凄凉的美感呢？作为
一位深受福柯影响的法律社会学家，巴尔韦德认为审美维度在关
于治理术（governmentality）的讨论中几乎被完全忽略了，而情感
和审美对于理解法律的时空体是至关重要的。与空间和时间一样，
情绪（mood）在治理过程中的每个行为里都有所体现，比如邻里
之间的侵权纠纷，不但是具有时空性的管辖权争议，也体现了人
们对于自己社区的情感和情绪。

　　在离婚案件或者刑事案件里，情绪的作用就更为突出了，虽
然巴尔韦德在书中并没有举这两个显而易见的例子。一个被丈夫
背叛了的女人，或者一个面临死刑判决的被告人，在法律案件的
时空体里怎么可能没有情绪呢？而如果把这些情绪忽略不计，那
么这个时空里还剩下什么呢？恐怕只有既抽象又无聊的结构和程
序了吧。你说你不喜欢法治的薄理论，不也是因为这个理论薄得
连情感和审美都没有了吗？

　　你问我在面对他人的灾难时是否会冷漠无感，那当然不会，
可是我的眼泪不多，必须留给自己爱的人才好。我并不觉得这是
年纪大了的缘故，我也不是个缺乏安全感的人，只是没有你那么
强的共情能力罢了。至于自由，无论身上有多少枷锁，背了多少
感情债，我们终究还是两个无拘无束的灵魂，可以在时空体的错
落之间，用文字擦出点点火花，这就足够美好了。真正每天困恼

着我的问题，并不是该选安全还是自由，而是自己的时间不够了，或许两样都只能放弃掉。可你……可你就这么敞开心扉闯进了我的世界，把空间扭曲、时间拉长，让我生出了许多无可救药的情绪。能寻找光明的眼睛，一定是温暖湿润的，它属于你，不属于我。

第43封信

郑旻学长：

你究竟是怎么了？这么柔软的一封信，我为什么却读出了逃避？没错，我们并不处在同一个时空体里，我也猜不透你的情绪，可当一个人张开双臂想拥抱你的时候，为什么要躲开呢？我不想和你做井水不犯河水的邻居，也不想和你做每天吵架拌嘴的伴侣，我只想能穿过时空距离的阻隔，给你一点比文字更多的温暖。可你却把自己囚禁成了个犯人，住在一座无形的监狱里，这样下去，你的灵魂真能无拘无束吗？如果你非要在我们之间筑起一道墙的话，那我只能用心和泪让它决堤而溃。就算这个夏天见不到你，总还有秋天、冬天，即使要再穿越一次上个冬天那地狱般的日子，我也不会逃避。别忘了，我是海边长大的孩子，我不怕暴风雨。

巴尔韦德的时空体理论看似阳春白雪，可不知为什么，总让我有一种空虚无力的感觉。法律当然逃不出时空的约束，可法律也是个特别坚固的东西，许多规则经历了成百上千年的时间，经过了各种空间延展，也还是没什么根本性变化。我最近视力好多了，读了在书架上放了很久却一直没翻开过的瞿同祖先生的《中国法律与中国社会》。作为一个女性主义者，读到其中关于婚姻家庭的部分，真的有点要抓狂了。比如书中说，"婚姻目的中始终不涉及男女本人，所以男女的结合而须顾到夫妻本人的意志实是不可想象的事"。还说"女子出嫁时，父母戒之曰：'必敬必戒，无违夫子'，从出嫁时起，她便由父权之下移交夫权，夫代替了昔日的父亲"。这些话我刚开始读的时候觉得特别气愤，但整本书都读完之后，感到的只是这些传统制度和观念的无比沉重。即使时空变换了，经历了整个二十世纪的革命、战争、动荡和觉醒，婚姻与两性关系的本质真的变了吗？

记得费孝通先生在《乡土中国》的《男女有别》一章中曾写过，浮士德式的"恋爱是一项探险，是对未知的摸索……不断地克服阻碍，也是不断地发现阻碍"，这样的爱情"非但毫无成就，而且使社会关系不能稳定"。而乡土社会中的婚姻呢，"它不需要创造新的社会关系，社会关系是生下来就决定的，它更害怕社会关系的破坏，因为乡土社会所求的是稳定。它是阿波罗式的。男女间的关系必须有一种安排，使他们之间不发生激动性的感情"。我猜，巴尔韦德一定也是个女性主义者，所以才会那么强调时空体的重要性，因为只有把时间和空间看成一个实体，只有把情绪写进文字和理论里，才有可能真正打破这种结构功能主义视角下的超稳定父权社会吧？不过，她的理论可以写得很漂亮，实践起来却没那么容易，你看看你自己的样子，哪里有什么浮士德式的冒险和探索，碰到些许阻碍，就知难而退了。

　　好吧，既然如此，我只好再勇敢一点，再多忍耐一段时间。等秋风吹散了空气里的雾霾，等未名湖畔撒满了枯黄的落叶，我要捡一片心形的叶子，夹在那本自己从中学时就珍藏着的《小王子》里，再用牛皮纸的信封装起来，贴足邮票寄给你。因为，即使不是那枝玫瑰，我也要做一只狐狸。

第 44 封信

杜荔学妹：

　　动笔写这封信的一刻，夏日迟来的夜幕刚刚降临，我关掉了空调和家里的所有电子设备，只剩一盏孤灯，还有纸和笔。说起来，我们通了这么久的信，还从没见过彼此的笔迹，实在太不像话……很抱歉，我等不到秋天了，药盒已经扔进了垃圾桶，剩下唯一要做的，就是在入眠之前，把这封信写完。

　　你猜对了，巴尔韦德的确是个女性主义者，她的许多早期作品都是关于性别问题的，后来才逐渐转向对刑事司法、城市治理等问题的研究。我一向都特别欣赏这样的学者，可以几乎不受学科和研究领域的束缚，自由自在地探索自己感兴趣的问题。很多年前，我以为我也能做一个这样的人，不去理睬学术圈的那些利益和壁垒，只用心灵和文字诚实地与整个世界对话，直到老去。可后来我发现自己失败了，不但被卷入了学术圈那些无聊至极的日常事务里，而且连诚实都越来越难做到，因为我的情感消逝了，心里只留下一个黑洞，麻木、血肉模糊。再后来，我慢慢学会了生产那些没有灵魂和心肝的东西，就像一部机器。而正当我几乎接受了苟活的现实，你的第一封信就奇迹般地出现在了我的邮箱里。于是我心中又燃起了激情，可每封信寄出之后，却又会从内而外感到一种冰凉彻骨的绝望。因为我知道，无论如何都回不去了，我还能做的，是把仅剩的这一点点激情传递给你。希望有一天，你能如空中的飞鸟般自由翱翔，不是任何人的玫瑰或狐狸，只做你自己。

以前每年教法律社会学课，在最后一堂课结束时，我总会送给班上的学生一段话，是霍姆斯大法官在一篇演讲里说的，那篇演讲叫作《法律，我们的情人》。请让我也把这段话送给你，虽然你从来也不是我的学生，但我知道，你会比任何一个学生都懂我的意思：

当我想到我们在法庭和市场上所了解的法律时，她对我而言更像是一位坐在路旁的妇人，在她那遮蔽着的头巾下面，每个人都能看到自己的缺失与需求的表情。胆怯和受征服的人从她佑护的笑容里得到勇气。为自己的权利而勇敢斗争的公平卫士看到她用严苛而有鉴赏力的眼睛维持着平等公正。而那些反抗她最神圣的命令、试图从她看不见的路上蹑手蹑脚地爬走的可怜人，则会发现这条路最终通向她，并在她的头巾下面看到无情的死神。

一切都太晚了，我的杜荔。

参考文献

第1—2封信

（行动中的法，活法，法律与社会运动，法律现实主义）

季卫东，1999，《从边缘到中心：20世纪美国的"法与社会"运动》，《北大法律评论》第2卷第2辑。

刘思达，2010，《中国法律社会学的历史与反思》，《法律和社会科学》第7卷。

刘思达，2016，《美国"法律与社会运动"的兴起与批判——兼议中国社科法学的未来走向》，《交大法学》第1期。

涂尔干，埃米尔，2017，《社会分工论》，渠敬东译，北京：生活·读书·新知三联书店。

韦伯，马克斯，2019，《经济与社会（第一卷）》，阎克文译，上海：上海人民出版社。

韦伯，马克斯，2020，《经济与社会（第二卷）》，阎克文译，上海：上海人民出版社。

Abel, Richard L. 2010. "Law and Society: Project and Practice." *Annual Review of Law and Social Science* 6: 1-23.

Macaulay, Stewart. 1984. "Law and the Behavioral Sciences: Is There Any

There There?" *Law & Policy* 6：149-187.

Macaulay, Stewart, Lawrence M. Friedman, and Elizabeth Mertz. 2007. *Law in Action：A Socio-Legal Reader*. New York：Foundation Press.

Silbey, Susan S., and Sarat Austin. 1987. "Critical Traditions in Law and Society Research." *Law and Society Review* 21：165-174.

Tamanaha, Brian Z. 2009. "Understanding Legal Realism." *Texas Law Review* 87：731-785.

Trubek, David M. 1972. "Max Weber on Law and the Rise of Capitalism." *Wisconsin Law Review* 1972：720-753.

第 3—4 封信
（法律无处不在，法律形式主义，批判法学，文化转向，法律意识）

霍姆斯，小奥利弗·温德尔，2009，《霍姆斯读本：论文与公共演讲选集》，刘思达译，上海：上海三联书店。

尤陈俊，2024，《法律、社科与人文：中国社科法学知识生产的反思》，《法制与社会发展》第 3 期。

Duncan Kennedy and Karl E. Klare. 1984. "A Bibliography of Critical Legal Studies." *Yale Law Journal* 94：461-490.

Engel, David M. 1984. "The Oven Bird's Song：Insiders, Outsiders, and Personal Injuries in an American Community." *Law & Society Review* 18：551-582.

Ewick, Patricia, and Susan S. Silbey. 1998. *The Common Place of Law：Stories from Everyday Life*. Chicago：University of Chicago Press.

Mather, Lynn, and Barbara Yngvesson. 1980-1981. "Language, Audience and the Transformation of Disputes." *Law & Society Review* 15：775-822.

Merry, Sally Engle. 1992. "Culture, Power, and the Discourse of Law." *New York Law School Law Review* 37：209-225.

Posner, Richard A. 1990. *The Problem of Jurisprudence*. Cambridge, MA：Harvard University Press.

Pound, Roscoe. 1910. "Law in Books and Law in Action." *American Law Review* 44: 12-36.

Sarat, Austin, and Thomas R. Kearns, eds. 1985. *Law in Everyday Life*. Ann Arbor, MI: University of Michigan Press.

Silbey, Susan S. 2005. "After Legal Consciousness." *Annual Review of Law and Social Science* 1: 323-368.

Tamanaha, Brian Z. 2001. *A General Jurisprudence of Law and Society*. Oxford: Oxford University Press.

Trubek, David M. 1984. "Where the Action Is: Critical Legal Studies and Empiricism." *Stanford Law Review* 26: 575-622.

Weinrib, Ernest J. 1988. "Legal Formalism: On the Immanent Reality of Law." *Yale Law Journal* 97: 949-1016.

Yngvesson, Barbara. 1988. "Making Law at the Doorway: The Clerk, the Court, and the Construction of Community in a New England Town." *Law & Society Review* 22: 409-448.

第5—6封信
（乡土社会，本土资源论，法律多元，华中村治研究）

费孝通，2006，《乡土中国》，上海：上海人民出版社。

贺雪峰（编），2016，《华中村治研究——立场·观点·方法》，北京：社会科学文献出版社。

苏力，1995，《法治及其本土资源》，北京：中国政法大学出版社。

苏力，2000，《送法下乡：中国基层司法制度研究》，北京：中国政法大学出版社。

苏力，2004，《道路通向城市》，北京：法律出版社。

王铭铭、王斯福（编），1997，《乡土社会的秩序、公正与权威》，北京：中国政法大学出版社。

Merry, Sally E. 1988. "Legal Pluralism." *Law & Society Review* 22: 869-896.

第 7—8 封信
（田野调查，深描，质性研究）

陈柏峰，2011，《乡村江湖：两湖平原"混混"研究》，北京：中国政法大学出版社。

董磊明，2008，《宋村的调解：巨变时代的权威与秩序》，北京：法律出版社。

狄金华，2016，《被困的治理：河镇的复合治理与农户策略（1980—2009）》，北京：生活·读书·新知三联书店。

苏力，2006，《法律与文学：以中国传统戏剧为材料》，北京：生活·读书·新知三联书店。

苏力，2021，《走进田野。何为田野? 创造田野!》，《北大法律评论》第 1 期。

吴毅，2018，《小镇喧嚣：一个乡镇政治运作的演绎与阐释》，北京：生活·读书·新知三联书店。

Chua, Lynette J. , David M. Engel, and Sida Liu. 2023. *The Asian Law and Society Reader*. Cambridge：Cambridge University Press.

Chua, Lynette J. , and Mark Fathi Massoud, eds. 2024. *Out of Place*：*Fieldwork and Positionality in Law and Society*. Cambridge：Cambridge University Press.

第 9—10 封信
（量化研究，社会学与历史，法律职业研究）

韦伯，马克斯，1987，《新教伦理与资本主义精神》，于晓、陈维纲等译，北京：生活·读书·新知三联书店。

Ginsburg, Tom, Zachary Elkins, and Justin Blount. 2009. " Does the Process of Constitution-Making Matter?" *Annual Review of Law and Social Science*

5：201-223.

　　Ginsburg, Tom, and Mila Versteeg. 2014. "Why Do Countries Adopt Constitutional Review?" *Journal of Law, Economics, & Organization* 30：587-622.

　　Heinz, John P. and Edward O. Laumann. 1994 [1982]. *Chicago Lawyers：The Social Structure of the Bar (Revised Edition)*. Evanston, IL：Northwestern University Press.

　　Heinz, John P., Robert L. Nelson, Rebecca L. Sandefur, and Edward O. Laumann. 2005. *Urban Lawyers：The New Social Structure of the Bar*. Chicago：University of Chicago Press.

　　Law, David S., and Mila Versteeg. 2011. "The Evolution and Ideology of Global Constitutionalism." *California Law Review* 99：1163-1253.

　　Law, David S., and Mila Versteeg. 2012. "The Declining Influence of the United States Constitution." *NYU Law Review* 87：762-858.

　　Nelson, Robert L., Ronit Dinovitzer, Bryant G. Garth, Joyce S. Sterling, David B. Wilkins, Meghan Dawe, and Ethan Michelson. 2023. *The Making of Lawyers' Careers：Inequality and Opportunity in the American Legal Profession*. Chicago：University of Chicago Press.

　　Tilly, Charles. 1990. *Coercion, Capital, and European States AD 990-1990*. Oxford：Blackwell.

第 11—12 封信
（律师业，刑事辩护，政治嵌入性，尊严）

　　刘思达，2008，《失落的城邦：当代中国法律职业变迁》，北京：北京大学出版社。

　　刘思达，2011，《割据的逻辑：中国法律服务市场的生态分析》，上海：上海三联书店。

　　Fu, Hualing, and Richard Cullen. 2008. "Weiquan (Rights Protection) Lawyering in an Authoritarian State：Building a Culture of Public-Interest

Lawyering.” *The China Journal* 59：111-127.

Fu, Hualing, and Richard Cullen. 2011. “Climbing the Weiquan Ladder：A Radicalizing Process for Rights-Protection Lawyers.” *The China Quarterly* 205：40-59.

Halliday, Terence C. , and Sida Liu. 2021. “Dignity Discourses in Struggles for Basic Legal Freedoms in China.” *Asian Journal of Law and Society* 8：134-150.

Liu, Sida. 2011. “Lawyers, State Officials and Significant Others：Symbiotic Exchange in the Chinese Legal Services Market.” *The China Quarterly* 206：276-293.

Liu, Sida, and Terence C. Halliday. 2016. *Criminal Defense in China：The Politics of Lawyers at Work*. Cambridge：Cambridge University Press.

McMorrow, Judith A. , Sida Liu, and Benjamin Van Rooij. 2017. “Lawyer Discipline in an Authoritarian Regime：Empirical Insights from Zhejiang Province, China.” *Georgetown Journal of Legal Ethics* 30：267-300.

Michelson Ethan. 2006. “The Practice of Law as an Obstacle to Justice：Chinese Lawyers at Work.” *Law & Society Review* 40：1-38.

Michelson Ethan. 2007. “ Lawyers, Political Embeddedness, and Institutional Continuity in China's Transition from Socialism.” *American Journal of Sociology* 113：352-414.

Stern, Rachel E. , and Lawrence J. Liu. 2020. “The Good Lawyer：State-Led Professional Socialization in Contemporary China.” *Law & Social Inquiry* 45：226-248.

第 13—14 封信
（刑事司法，基层法院，试点研究）

樊崇义、顾永忠（编），2007，《侦查讯问程序改革实证研究》，北京：中国人民公安大学出版社。

宋英辉、王武良（编），2009，《法律实证研究方法》，北京：北京大学出版社。

张永健、程金华，2018，《法律实证研究的方法坐标》，《中国法律评论》第 6 期。

左卫民，2014，《中国法院院长角色的实证研究》，《中国法学》第 1 期。

左卫民，2015，《"热"与"冷"：非法证据排除规则适用的实证研究》，《法商研究》第 3 期。

左卫民、马静华，2005，《刑事证人出庭率：一种基于实证研究的理论阐述》，《中国法学》第 6 期。

左卫民、马静华，2012，《效果与悖论：中国刑事辩护作用机制实证研究——以 S 省 D 县为例》，《政法论坛》第 2 期。

左卫民、张潋瀚，2019，《刑事辩护率：差异化及其经济因素分析——以四川省 2015—2016 年一审判决书为样本》，《法学研究》第 3 期。

Fassin, Didier. 2013. *Enforcing Order：An Ethnography of Urban Policing.* Cambridge：Polity Press.

Feeley, Malcolm M. 1979. *The Process Is the Punishment：Handling Cases in a Lower Criminal Court.* New York：Russell Sage Foundation.

He, Xin, and Kwai Hang Ng. 2013. "Pragmatic Discourse and Gender Inequality in China." *Law and Society Review* 47：279-310.

Kohler-Hausmann, Issa. 2013. "Misdemeanor Justice：Control without Conviction." *American Journal of Sociology* 119：351-393.

Merry, Sally Engle. 1990. *Getting Justice and Getting Even：Legal Consciousness Among Working Class Americans.* Chicago：University of Chicago Press.

Ng, Kwai Hang and He Xin. 2017. *Embedded Courts：Judicial Decision-Making in China.* Cambridge：Cambridge University Press.

Ng, Kwai Hang, and Xin He. 2014. "Internal Contradictions of Judicial Mediation in China." *Law & Social Inquiry* 39：285-312.

Zheng, Chunyan, Jiahui Ai, and Sida Liu. 2017. "The Elastic Ceiling：Gender and Professional Career in Chinese Courts." *Law & Society Review* 51：168-199.

第 15—16 封信
（大数据，裁判文书网，女法官，审判委员会）

李雨峰，2015，《司法过程的政治约束——我国基层人民法院审判委员会运行研究》，《法学家》第 2 期。

刘忠，2014，《格、职、级与竞争上岗——法院内部秩序的深层结构》，《清华法学》第 2 期。

王禄生，2015，《相马与赛马：中国初任法官选任机制实证研究》，《法制与社会发展》第 2 期。

王伦刚、刘思达，2016，《从实体追责到程序之治：中国法院错案追究制运行的实证考察》，《法学家》第 2 期。

王伦刚、刘思达，2017，《基层法院审判委员会压力案件决策的实证研究》，《法学研究》第 1 期。

He, Xin. 2012. "Black Hole of Responsibility: The Adjudication Committee's Role in a Chinese Court." *Law & Society Review* 46: 681-712.

He, Xin, and Yang Su. 2013. "Do the 'Haves' Come Out Ahead in Shanghai Courts?" *Journal of Empirical Legal Studies* 10: 120-145.

He, Xin, and Kwai Hang Ng. 2017. "'It Must Be Rock Strong!' Guanxi's Impact on Judicial Decision Making in China." *American Journal of Comparative Law* 65: 841-871.

Liebman, Benjamin L., Margaret E. Roberts, Rachel E. Stern, and Alice Z. Wang. 2020. "Mass Digitization of Chinese Court Decisions: How to Use Text as Data in the Field of Chinese Law." *Journal of Law and Courts* 8: 177-201.

Liu, Sida, and Sitao Li. 2023. "How to Do Empirical Legal Studies without Numbers?" *Hong Kong Law Journal* 53: 1262-1275.

Ma, Qin. 2023. "Monopoly and Fragmentation: Data Collection in Chinese Empirical Legal Studies." *Hong Kong Law Journal* 53: 1173-1195.

第 17—18 封信

（数据法学，样本，女性主义法学，重复诉讼人，学术发表）

Azocar, Maria J. , and Myra Marx Ferree. 2015. "Gendered Expertise." *Gender & Society* 29: 841−862.

Beiner, Theresa M. 2005. "Female Judging." *University of Toledo Law Review* 36: 821−847.

Brace, Paul, and Melinda Gann Hall. 2001. "'Haves' versus 'Have Nots' in State Supreme Courts: Allocating Docket Space and Wins in Power Asymmetric Cases." *Law & Society Review* 35: 393−417.

Douglas, Heather, Francesca Bartlett, Trish Luker, and Rosemary Hunter, eds. 2014. *Australian Feminist Judgments: Righting and Rewriting Law.* Oxford: Hart Publishing.

Epstein, Cynthia Fuchs. 1981. *Women in Law.* New York: Basic Books.

Galanter, Marc. 1974. "Why the 'Haves' Come Out Ahead: Speculations on the Limits of Legal Change." *Law & Society Review* 9: 95−160.

Hunter, Rosemary. 2008. "Can Feminist Judges Make a Difference?" *International Journal of the Legal Profession* 15: 7−36.

Hunter, Rosemary. 2012. "The Power of Feminist Judgments?" *Feminist Legal Studies* 20: 135−148.

Kay, Fiona, and Elizabeth Gorman. 2008. "Women in the Legal Profession." *Annual Review of Law & Social Science* 4: 299−332.

Kritzer, Herbert M. , and Susan S. Silbey. 2003. *In Litigation: Do the "Haves" Still Come Out Ahead?* Stanford, CA: Stanford University Press.

Majury, Diana. 2006. "Introducing the Women's Court of Canada." *Canadian Journal of Women and the Law* 18: 1−12.

Savelsberg, Joachim J. , Terence Halliday, Sida Liu, Calvin Morrill, Carroll Seron, and Susan Silbey. 2016. "Law & Society Review at Fifty: A Debate on the Future of Publishing by the Law & Society Association." *Law & Society Review*

50：1017-1036.

Schultz, Ulrike, and Gisela Shaw, eds. 2012. *Women in the Judiciary*. London：Routledge.

Schultz, Ulrike, and Gisela Shaw, eds. 2013. *Gender and Judging*. Oxford：Hart Publishing.

Solimine, Michael E. , and Susan E. Wheatley. 1995. "Rethinking Feminist Judging." *Indiana Law Journal* 70：891-920.

第 19—20 封信
（纠纷的转化，命名，归咎，索赔，纠纷金字塔）

Boittin, Margaret L. 2013. "New Perspectives from the Oldest Profession：Abuse and the Legal Consciousness of Sex Workers in China." *Law & Society Review* 47：245-278.

Felstiner, William L. F. , Richard L. Abel, and Austin Sarat. 1980-1981. "The Emergence and Transformation of Disputes：Naming, Blaming, Claiming." *Law & Society Review* 15：631-654.

He, Xin. 2007. "Why Do They Not Take the Disputes? Law, Power, Politics in the Decision-Making of Chinese Courts." *International Journal of Law in Context* 3：203-225.

Liao Xingmiu, and Wen-Hsuan Tsai. 2019. "Managing Irregular Petitions in China：Two Types of Social Control Strategy within the Authoritarian Regime." *Journal of East Asian Studies* 19：1-18.

Miller, Richard E. , and Austin Sarat. 1981. "Grievances, Claims and Disputes：Assessing the Adversary Culture." *Law & Society Review* 15：525-566.

Minzner, Carl F. 2006. "Xinfang：Alternative to Formal Chinese Legal Institutions." *Stanford Journal of International Law* 42：103-180.

第 21—22 封信
（纠纷宝塔，调解，马锡五审判方式，法律与组织）

范愉，2000，《非诉讼纠纷解决机制研究》，北京：中国人民大学出版社。

范愉，2007，《纠纷解决的理论与实践》，北京：清华大学出版社。

顾培东，2017，《"苏力问题"中的问题》，《武汉大学学报（哲学社会科学版）》第 1 期。

桑本谦，2006，《法治及其社会资源——兼评苏力"本土资源"说》，《现代法学》第 1 期。

郑戈，2017，《寻找法治中国化的道路——以苏力〈法治及其本土资源〉为样本的分析》，《探索与争鸣》第 5 期。

Albiston, Catherine R., Lauren B. Edelman, and Joy Milligan. 2014. "The Dispute Tree and the Legal Forest." *Annual Review of Law and Social Science* 10：105-131.

Berrey, Ellen and Laura Beth Nielsen. 2007. "Rights of Inclusion：Integrating Identity at the Bottom of the Dispute Pyramid." *Law & Social Inquiry* 32：233-260.

Edelman, Lauren B., and Mark C. Suchman. 1999. "When the 'Haves' Hold Court：Speculations on the Organizational Internalization of Law." *Law & Society Review* 33：941-991.

Michelson, Ethan. 2007. "Climbing the Dispute Pagoda：Grievances and Appeals to the Official Justice System in China." *American Sociological Review* 72：459-485.

Talesh, Shauhin. 2009. "The Privatization of Public Legal Rights：How Manufacturers Construct the Meaning of Consumer Law." *Law & Society Review* 43：527-562.

第 23—24 封信
（法律变革，行政法，性骚扰，法律内生性，企业法务）

何海波，2012，《困顿的行政诉讼》，《华东政法大学学报》第 2 期。

Chen, Tianhao, Wei Xu and Xiaohong Yu. 2024. "Administrative Litigation in China：Assessing the Chief Officials' Appearance System." *The China*

Quarterly, published online on 8 February 2024. DOI: https://doi.org/10.1017/S0305741024000018

Dobbin, Frank, and Erin L. Kelly. 2007. "How to Stop Harassment: Professional Construction of Legal Compliance in Organizations." *American Journal of Sociology* 112: 1203–1243.

Edelman, Lauren B. 2016. *Working Law: Courts, Corporations, and Symbolic Civil Rights*. Chicago: University of Chicago Press.

Edelman, Lauren B., and Mark C. Suchman. 1997. "The Legal Environments of Organizations." *Annual Review of Sociology* 23: 479–515.

He, Haibo. 2018. "How Much Progress Can Legislation Bring? The 2014 Amendment of the Administrative Litigation Law of PRC." *University of Pennsylvania Asian Law Review* 13: 1–54.

Li, Ji. 2013. "Suing the Leviathan: An Empirical Analysis of the Changing Rate of Administrative Lawsuits in China." *Journal of Empirical Legal Studies* 10: 815–846.

Nielsen, Laura Beth, and Robert L. Nelson. 2000. "Cops, Counsel, and Entrepreneurs: Constructing the Role of Inside Counsel in Large Corporations." *Law & Society Review* 34: 457–494.

Suchman, Mark C., and Lauren B. Edelman. 1996. "Legal Rational Myths: The New Institutionalism and the Law and Society Tradition." *Law & Social Inquiry* 21: 903–941.

第 25—26 封信
（卢曼，系统论，新制度主义，断藕，多样性）

卢曼，尼克拉斯，2009，《社会的法律》，郑伊倩译，北京：人民出版社。

Berrey, Ellen. 2015. *The Enigma of Diversity: The Language of Race and the Limits of Racial Justice*. Chicago: University of Chicago Press.

DiMaggio, Paul J., and Walter W. Powell. 1983. "The Iron Cage

Revisited: Institutional Isomorphism and Collective Rationality in Organizational Fields." *American Sociological Review* 48: 147-160.

DiMaggio, Paul J., and Walter W. Powell, eds. 1991. *The New Institutionalism in Organizational Analysis*. Chicago: University of Chicago Press.

Duan, Jiahui. 2023. "Sexual Harassment in Irregular Chinese Workplaces: Business Dinners, Team-Building Activities, and Social Media." *Law & Social Inquiry*, published online on 6 October 2023. DOI: https://doi.org/10.1017/lsi.2023.57

Luhmann, Niklas. 1995. *Social Systems*. Stanford, CA: Stanford University Press.

Luhmann, Niklas. 2004. *Law as a Social System*, trans. K. A. Ziegert, eds. F. Kastner, R. Nobles, D. Schiff, and R. Ziegert. Oxford: Oxford University Press.

Meyer, John W., and Brian Rowan. 1977. "Institutionalized Organizations: Formal Structure as Myth and Ceremony." *American Journal of Sociology* 83: 340-363.

Parsons, Talcott. 1937. *The Structure of Social Action*. New York: McGraw Hill.

Suchman, Mark C., and Lauren B. Edelman. 1996. "Legal Rational myths: The New Institutionalism and the Law and Society Tradition." *Law & Social Inquiry* 21 (4): 903-941.

第 27—28 封信
（权力，不平等，铁笼，场域，资本）

布尔迪厄，皮埃尔，1999，《法律的力量：迈向司法场域的社会学》，强世功译，《北大法律评论》第 2 卷第 2 辑。

刘思达，2006，《经典社会理论中的法律：马克思、涂尔干、韦伯与法律社会学》，《社会理论之法：解读与评析》，高鸿钧、马剑银主编，北京：清华大学出版社。

刘思达，2022，《如何戒掉布迪厄?》，《清华社会科学》第 4 卷第 1 辑。

韦伯，马克斯，1987，《新教伦理与资本主义精神》，于晓、陈维纲等译，北京：生活·读书·新知三联书店。

韦伯，马克斯，2021，《法律社会学：非正当性的支配》，康乐、简惠美译，上海：上海三联书店。

Austin, John. 1995. *The Province of Jurisprudence Determined*. Cambridge：Cambridge University Press.

Bourdieu, Pierre. 1986. "The Force of Law：Toward a Sociology of the Juridical Field." *Hastings Law Journal* 38：805-853.

Bourdieu, Pierre, and Loïc Wacquant. 1992. *An Invitation to Reflexive Sociology*. Chicago：University of Chicago Press.

Liu, Sida. 2015. "Law's Social Forms：A Powerless Approach to the Sociology of Law." *Law & Social Inquiry* 40：1-28.

Teubner, Gunther. 1993. *Law as an Autopoietic System*. Oxford：Blackwell.

第 29—30 封信
（司法场域，刑事诉讼法，芝加哥学派，符号互动主义，生态理论）

布尔迪厄，皮埃尔，2017，《男性统治》，刘晖译，北京：中国人民大学出版社。

Abbott, Andrew. 1986. "Jurisdictional Conflicts：A New Approach to the Development of Legal Professions." *American Bar Foundation Research Journal*：187-224.

Abbott, Andrew. 1999. *Department and Discipline：Chicago Sociology at One Hundred*. Chicago：University of Chicago Press.

Dezalay, Yves, and Bryant G. Garth. 2002. *The Internationalization of Palace Wars. Lawyers, Economists, and the Contest to Transform Latin-American States*. Chicago：University of Chicago Press.

Halliday, Terence C., and Gregory C. Shaffer. eds. 2015. *Transnational Legal Orders*. Cambridge：Cambridge University Press.

Hawley, Amos H. 1986. *Human Ecology：A Theoretical Essay*. Chicago：University of Chicago Press.

Liu, Sida, and Mustafa Emirbayer. 2016. "Field and Ecology." *Sociological Theory* 34：62–79.

Liu, Sida, and Terence C. Halliday. 2009. "Recursivity in Legal Change：Lawyers and Reforms of China's Criminal Procedure Law." *Law & Social Inquiry* 34：911–950.

Park, Robert E., and Ernest W. Burgess. 1969 [1921]. *Introduction to the Science of Sociology*. Chicago：University of Chicago Press.

Park, Robert E., Ernest W. Burgess, and Roderick D. McKenzie. 1967. *The City*. Chicago：University of Chicago Press.

Simmel, Georg. 1950. *The Sociology of Georg Simmel*. New York：Free Press.

Simmel, Georg. 1971. *Georg Simmel on Individuality and Social Forms*, ed. D. N. Levine. Chicago：University of Chicago Press.

Wu, Wanqiang, and Xifen Lin. 2024. "Constrained Power Expansion：China's Procuratorial Reforms within and beyond Criminal Justice." *Modern China*, published online on 7 March 2024. DOI：https：//doi. org/ 10. 1177/00977004241232874.

第 31—32 封信
（职业系统，管辖权冲突，结构与互动，法律变革）

阿伯特，安德鲁，2016，《职业系统：论专业技能的劳动分工》，李荣山译，北京：商务印书馆。

刘思达，2011，《割据的逻辑：中国法律服务市场的生态分析》，上海：上海三联书店。

吴洪淇，2019，《司法改革与法律职业激励环境的变化》，《中国法学》第 4 期。

张保生、张中、吴洪淇等，2015，《中国司法文明指数报告 2015》，北京：中国政法大学出版社。

Abbott, Andrew. 1988. *The System of Professions: An Essay on the Division of Expert Labor.* Chicago: University of Chicago Press.

Chambliss, William J. 1979. "On Lawmaking." *British Journal of Law and Society* 6: 149-171.

Liu, Sida, and Terence C. Halliday. 2016. *Criminal Defense in China: The Politics of Lawyers at Work.* Cambridge: Cambridge University Press.

Moore, Sally Falk. 1978. *Law as Process. An Anthropological Approach.* London: Routledge.

Spitzer, Steven. 1983. "Marxist Perspectives in the Sociology of Law." *Annual Review of Sociology* 9: 103-124.

Wang, Di, and Sida Liu. 2020. "Performing Artivism: Feminists, Lawyers, and Online Legal Mobilization in China." *Law & Social Inquiry* 45: 678-705.

第 33—34 封信
（法律与革命，冲突理论，法制宣传，法律动员，法律递归性）

伯尔曼，哈罗德·J.，1993，《法律与革命》，贺卫方、高鸿钧、夏勇、张志铭译，北京：中国大百科全书出版社。

刘思达，《当代中国日常法律工作的意涵变迁（1979—2003）》，《中国社会科学》2007 年第 2 期。

马克思，卡尔，2009，《黑格尔法哲学批判》，曹典顺译，北京：中国社会科学出版社。

中国法规刊行社编审委员会编，1991，《六法全书》，上海：上海书店。

Chua, Lynette J. 2019. "Legal Mobilization and Authoritarianism." *Annual Review of Law and Social Science* 15: 355-376.

Chua, Lynette J., and David M. Engel. 2019. "Legal Consciousness Reconsidered." *Annual Review of Law and Social Science* 15: 335-353.

Edelman, Lauren B., Gwendolyn Leachman, and Doug McAdam. 2010. "On Law, Organizations, and Social Movements." *Annual Review of Law and*

Social Science 6：653-685.

　　Halliday, Terence C. 2009. "Recursivity of Global Normmaking：A Sociolegal Agenda." *Annual Review of Law and Social Science* 5：263-289.

　　Halliday, Terence C., and Bruce G. Carruthers. 2007. "The Recursivity of Law：Global Norm Making and National Lawmaking in the Globalization of Corporate Insolvency Regimes." *American Journal of Sociology* 112：1135-1202.

　　Liu, Sida, and Terence C. Halliday. 2009. "Recursivity in Legal Change：Lawyers and Reforms of China's Criminal Procedure Law." *Law & Social Inquiry* 34：911-950.

　　McCann, Michael. 2006. "Law and Social Movements：Contemporary Perspectives." *Annual Review of Law and Social Science* 2：17-38.

　　Silbey, Susan S. 2005. "After Legal Consciousness." *Annual Review of Law and Social Science* 1：323-368.

　　Silbey, Susan and Patricia Ewick. 2000. "The Rule of Law：Sacred and Profane." *Society* 37：49-56.

　　Trubek, David M., and Marc Galanter. 1974. "Scholars in Self-Estrangement：Some Reflections on the Crisis in Law and Development Studies in the United States." *Wisconsin Law Review* 1974：1062-1102.

第 35—36 封信
（法律全球化，殖民主义，法律霸权，全控机构，规训与惩罚）

　　福柯，米歇尔，2003，《规训与惩罚：监狱的诞生》，北京：生活·读书·新知三联书店。

　　福柯，米歇尔，2019，《必须保卫社会：法兰西学院课程系列 1976》，钱翰译，上海：上海人民出版社。

　　Dezalay, Yves, and Bryant G. Garth. 2021. *Law as Reproduction and Revolution*. Berkeley, CA：University of California Press.

　　Ewick, Patricia, and Susan S. Silbey. 1998. *The Common Place of Law：Stories from Everyday Life*. Chicago：University of Chicago Press.

Goffman, Erving. 1961. *Asylums: Essays on the Social Situation of Mental Patients and Other Inmates*. Garden City, NY: Anchor Books.

Hacking, Ian. 2004. "Between Michel Foucault and Erving Goffman: Between Discourse in the Abstract and Face-to-Face Interaction." *Economy and Society* 33: 277-302.

Liu, Sida. 2023. "Legal Elites and the Fading History of Global Legal Imperialism." *Law & Social Inquiry* 48: 693-698.

第 37—38 封信
（暴力，死亡，自我屈辱，大屠杀）

鲍曼，齐格蒙，2011，《现代性与大屠杀》，杨渝东、史建华译，南京：译林出版社。

柯林斯，兰德尔，2016，《暴力：一种微观社会学理论》，刘冉译，北京：北京大学出版社。

马克思，卡尔，2014，《1844 年经济学哲学手稿》，中共中央马克思恩格斯列宁斯大林著作编译局译，北京：人民出版社。

涂尔干，埃米尔，1996，《自杀论：社会学研究》，冯韵文译，北京：商务印书馆。

韦伯，马克斯，1987，《新教伦理与资本主义精神》，于晓、陈维纲等译，北京：生活·读书·新知三联书店。

Fujii, Lee Ann. 2013. "The Puzzle of Extra-Lethal Violence." *Perspectives on Politics* 11: 410-426.

Hagan, John, and Scott Greer. 2002. "Making War Criminal." *Criminology* 40: 231-264.

Hagan, John, Wenona Rymond - Richmond, and Patricia Parker. 2005. "The Criminology of Genocide: The Death and Rape of Darfur." *Criminology* 43: 525-562.

Hagan, John and Wenona Rymond-Richmond. 2008. "The Collective Dynamics of Racial Dehumanization and Genocidal Victimization in Darfur."

American Sociological Review 73：875-902.

Simmel, Georg. 1971. *Georg Simmel on Individuality and Social Forms*, ed. D. N. Levine. Chicago：University of Chicago Press.

第 39—40 封信
（自杀，失范，法治，法律与秩序，良性监护）

吴飞，2007，《自杀作为中国问题》，北京：生活·读书·新知三联书店。

吴飞，2009，《浮生取义：对华北某县自杀现象的文化解读》，北京：生活·读书·新知三联书店。

Adams, Maurice, Anne Meuwese, and Ernst H. Ballin, eds. 2017. *Constitutionalism and the Rule of Law：Bridging Idealism and Realism*. Cambridge：Cambridge University Press.

Cheesman, Nick. 2014. "Law and Order as Asymmetrical Opposite to the Rule of Law." *Hague Journal on the Rule of Law* 6：96-114.

Cheesman, Nick. 2015. *Opposing the Rule of Law：How Myanmar's Courts Make Law and Order*. Cambridge：Cambridge University Press

Krygier, Martin. 2016. "The Rule of Law：Pasts, Presents, and Two Possible Futures." *Annual Review of Law and Social Science* 12：199-229.

Lacey, Nicola. 2019. "Populism and the Rule of Law." *Annual Review of Law and Social Science* 15：79-96.

Ohnesorge, John K. M. 2007. "The Rule of Law." *Annual Review of Law and Social Science* 3：99-114.

Tamanaha, Brian Z. 2004. *On the Rule of Law：History, Politics, Theory*. Cambridge：Cambridge University Press.

第 41—42 封信
（苦难，法律程序，人权，时空体，治理术）

福柯，米歇尔，2003，《规训与惩罚：监狱的诞生》，北京：生活·读书·新知三联书店。

季卫东，1993，《法律程序的意义——对中国法制建设的另一种思考》，《中国社会科学》第 1 期。

景天魁、刁鹏飞，2024，《民生保障视野下的中国式人权道路：概念、制度与范式》，《社会学研究》第 3 期。

李步云等，2015，《中国特色社会主义人权理论体系论纲》，《法学研究》第 2 期。

谭俊，2017，《法学研究的空间转向》，《法制与社会发展》第 2 期。

Liu, Sida, and Sitao Li. 2024. "Rights in China: Myths, Abuses, and Politics." *Annual Review of Sociology* 50, published online on 9 May 2024. DOI: https://doi.org/10.1146/annurev-soc-090523-050016.

Liu, Sida, Yun Xian, and Sitao Li. 2024. "China's Pragmatic Approach to International Human Rights Law." *UC Irvine Journal of International, Transnational, and Comparative Law* 9: forthcoming.

Rose, Nikolas, Pat O'malley, and Mariana Valverde. 2006. "Governmentality." *Annual Review of Law and Social Science* 2: 83-104.

Valverde, Mariana. 2009. "Jurisdiction and Scale: Legal 'Technicalities' as Resources for Theory." *Social & Legal Studies* 18: 139-157.

Valverde, Mariana. 2010. "Specters of Foucault in Law and Society Scholarship." *Annual Review of Law and Social Science* 6: 45-59.

Valverde, Mariana. 2015. *Chronotopes of Law: Jurisdiction, Scale and Governance*. London: Routledge.

第 43—44 封信
（婚姻，父权，男女有别）

费孝通，2006，《乡土中国》，上海：上海人民出版社。

霍姆斯，小奥利弗·温德尔，2009，《霍姆斯读本：论文与公共演讲选集》，刘思达译，上海：上海三联书店。

瞿同祖，2010，《中国法律与中国社会》，北京：商务印书馆。

Li, Ke. 2022. *Marriage Unbound: State Law, Power, and Inequality in Contemporary China*. Stanford CA: Stanford University Press.

Liu, Qian. 2018. "Legal Consciousness of the Leftover Woman: Law and *Qing* in Chinese Family Relations." *Asian Journal of Law and Society* 5: 7–27.

Liu, Qian. 2021. "Relational Dignity, State Law, and Chinese Leftover Women's Choices in Marriage and Childbearing." *Asian Journal of Law and Society* 8: 151–167.

Wang, Di. 2020. "*Jia*, as in *Guojia*: Building the Chinese Family into a Filial Nationalist Project." *China Law and Society Review* 5: 1–32.

Valverde, Mariana. 1989. "Beyond Gender Dangers and Private Pleasures: Theory and Ethics in the Sex Debates." *Feminist Studies* 15: 237–254.

Valverde, Mariana. 2006. "A New Entity in the History of Sexuality: The Respectable Same-Sex Couple." *Feminist Studies* 32: 155–162.

Valverde, Mariana. 2011. "Seeing Like a City: The Dialectic of Modern and Premodern Ways of Seeing in Urban Governance." *Law & Society Review* 45: 277–312.

Valverde, Mariana. 2012. *Everyday Law on the Street: City Governance in an Age of Diversity*. Chicago: University of Chicago Press.

后记

我第一次有用书信体的文字来写学术作品的想法，大约是在2007年。那时候我刚刚在国内做完一年的田野调查，回到芝加哥的书斋里开始写作自己的博士论文。有一次见导师阿伯特教授，他对我说，你在田野里看到、收集到的所有数据材料，最终能写进论文里的，也就只有5%—10%，如果比例更高的话，那只能说明你的田野调查做得还不到位。这句话我印象特别深，不只是因为他说对了，我的博士论文里最后大概也就用了不到10%的数据，更重要的是，他的话让我意识到，还有许多我那一年在国内十几个省"行万里路"的过程中看到的东西，是根本写不进这部论文的。我这个人特别不喜欢浪费，所以就萌生了用另一种文体来把这些写不进论文的东西给展现出来的念头。

孟德斯鸠一直是我最敬仰的法律社会学家。虽然在他写作的那个年代还并没有社会学这个学科，但我认为，《论法的精神》是西方法律社会学史上最好的一本书，而《波斯人信札》更是学术史上的传奇之作。于是我突发奇想，干脆模仿《波斯人信札》，用两个学者通信的表达方式把我博士论文田野调查过程中见识的一些鲜活、有趣的人和事记录下来。因为那时候我还在芝加哥，所以就起了个名字叫《芝城信札》，以连载的方式写了三十多封信，就悄无声息地一封接一封发在了豆瓣上，写到后面居然还有了不少读者，甚至多年之后，还有同行向我提起这件事。不过，后来因为一些个人原因，我把那部没写完的信札丢掉了，连备份也没留，唯一剩下的是其中的一个人物——郑旻。

转眼到了 2014 年，尤陈俊老师找到我，说他想编一套写给法科学生的社会科学丛书，正在和北京大学出版社谈，想让我写其中关于法律社会学的一本。我考虑了一下，回复他说，我对写教科书没兴趣，除非你和北大社能同意，让我用书信体来写这本书。之所以提出这个匪夷所思的要求，是因为我虽然把上一部信札丢掉了，但对书信的表达方式却念念不忘，因为那个创作过程让我发现，学术论文这种非常"八股"的标准化写作方式实在太枯燥也太无聊，把人类文字中一些最优雅、最美好的元素都排除出去了。

生于 1980 年、长在 20 世纪 90 年代的我，或许是体验过纸笔写信、邮票寄信这种日常交流方式的最后一代人。还记得上中学甚至大学一、二年级的时候，根本没有手提电脑，上网要去学校机房，和身处异地的亲人、朋友甚至陌生人的交流基本上是通过书信来完成的。那种信纸的质感、钢笔的字迹，时空交错之间产生的感动和情绪，在电子邮件和社交媒体迅速普及的 21 世纪，已经荡然无存了。抗拒科技进步是一件毫无意义的事，但倘若作为人类最美的文字表达方式之一的书信也随着科技进步消失了的话，我觉得特别悲哀。

现在回想起来，我对陈俊兄提出的无理要求，或许只是一个当时还没到中年却已经开始怀旧的人在学术生产机器的不断碾压下的一种本能性反抗罢了。没想到，他和北大社的编辑老师们商量之后，居然答应了我这个要求，还很爽快地签了出版合同。这就是这本《法社会学信札》的缘起。

既然签了合同，当然就要动笔。可这个世界上几乎所有灵光乍现的主意，都是说起来容易做起来难，拍脑袋只需要一秒钟，落实起来却无比艰辛。才写了几封信，我就清醒地意识到，自己从小到大虽然除了学术论文之外也胡乱尝试过散文、杂文、小说、诗歌等各种写作方式，但这本信札绝对是我写过的难度最大的作品。不仅要字斟句酌，还要投入巨大的感情和心血，每封信写完都疲惫不堪，再加上工作繁忙，断断续续花了八年多时间才最终成稿。

对于这本书，我一直有两个彼此不太兼容的写作目的。首先当然是介绍和解读法律社会学，希望能通过两个人书信对话的形式把一些国外经典理论和研究与我国的学术发展现状结合起来，深入浅出地在看似大相径庭的学术知识之间建立起关联，从而实现一种法律社会学译著和教科书都无法达到的知识传承。在这个意义上，我对这本书的定位并不是教科书，而更像是一个学习法律社会学的"路线图"（roadmap），希望读者们可以按图索骥，却又不拘泥于某种对理论或学术传统的权威解读，而是沿着正文所铺垫出的一条条路，从参考文献里汲取更多的营养。

除此之外，我还有另外一个写作目的，就是在这些书信里实践一下社会学芝加哥学派的"符号互动主义"（symbolic interactionism）。虽然离开芝加哥大学已经多年，但我的骨子里一直流淌着芝加哥学派的血液，无论研究什么题目，说到底关注的都是人与人之间的互动，以及时间和空间对这些互动关系的塑造。在对人的理解越来越简单粗暴的网络时代，公共话语里充斥着各种非黑即白的"人设"，似乎每个人都只有一个固定的身份和脸谱，人与人之间也只有亲情、爱情、友情之类相对稳定的社会关系。而从符号互动主义的理论视角来看，人的社会意义其实是从互动过程中建构出来的，由他们所经历的一个个事件、关系、符号与社会情境所构成，而事件和关系都会随着时间的流淌和空间的转换而不断变化，因此所谓"人设"并不存在，存在的只是人与人之间一直动态变化着的互动关系。

而书信，正是体现这种时空动态变化的最好载体，因为两个通信的人身处不同空间，每次寄信和收信的时间也都不一样，写信、读信之时产生的各种情绪，在对方看来都是滞后的，无法感同身受。但即便如此，通信的过程还是会不断建构两个人之间的关系，这种关系有时并不容易定义，比如这本信札的两位主人公，最初是远隔大洋的陌生人，在通信的过程中逐渐相识、相知，直到最后，到底是何种"人设"，怎样的关系，已经说不清道不明。或许有的读者会对两个人的性别和身份格外感兴趣，但从创作的角度，我从来都没把这两个人物当作自己或是自己身边的人。因为他们之间的故事，虽然有些许现实生活的痕迹，但归根结底是在通信过程中发生的，不是他们写了这些信，而是这些信塑造了两个人。

信札的写作始于 2015 年，直到 2023 年底才完稿。八年期间我经历了诸多工作和生活的变动，还有不堪回首的三年疫情。在写作前期，我曾得到一位前辈高人的指点，她说，你应该把老师写成女性，而学生写成男性。这个绝妙的建议让我醍醐灌顶，慎重考虑了很久，最终还是没敢那么写，原因只是自己能力有限，实在无法驾驭一个与我的现实生活体验差别如此之大的故事。至于书中的第二个人物——杜荔，她的形象被修改过许多次，直到写了两三年之后才逐渐清晰起来。这也是写作过程中我最大的困惑与不安，因为性别的鸿沟实在太深，以女性的视角来写信，我不知道自己能否做得好，一度甚至想放弃了，干脆把这个人物改成男生……可最终我还是坚持写下来了，因为我始终相信，性别问题虽然在我国法律社会学界少有讨论，却是当代中国社会所面临的最大挑战之一。我当然并没有资格做一个女性主义者，但我认为，无论男女，这个问题是每个人都无法回避的，我们都必须认真对待它。

以两性的视角和口吻写作，也给了这本信札一个机会，可以写一种有力量、有情感的法律社会学。在统计方法和大数据、人工智能甚嚣尘上的今天，法律社会学乃至整个法学研究都面临着一个韦伯意义上的理性化"铁笼"，学术文章里的技术越来越复杂，情感却愈发淡漠，学者们的形象也从曾经激情四射、奔走呼号的法学家变得越来越像某种技术官僚，特别能生产满足量化指标却没有灵魂和心肝的学术成果。在这个意义上，这本信札无疑是一个异类，它既没有数字，也不符合任何学术规范或指标，我只希望里面的文字是直率的、真诚的、能打动人的，可以给为数不多的读者带来一点点力量和感动。通信的两个人物都不是什么完人，无论是在学术上还是情感上都有许多瑕疵，每天都在面对伤痛，时而软弱、时而坚强，有人放声大哭、有人哭不出来。其实这才是人的常态，所谓"理性人"或者"哲学王"，我在日常生活里从来没有遇见过。

　　这本书的写作期间，也是我的日常生活最流离的时期，告别了威州麦迪逊的大农村，先去了纽约和普林斯顿，然后又搬到多伦多，最后抵达香港，在二十年海外留学生涯之后，终于回到了祖国的土地上。但信札里并没有这些地方，只有对我的个人学术生涯影响最大的两个城市：北京和芝加哥。我是个幸运的人，可以有机会在那两个城市、两所大学最好的年代完成学业，却也是个不幸的人，离开了它们，就注定漂泊一生。而我力所能及的事，只是把它们教给我的东西写下来，即使有一天，那些东西在两个地方都找不到了，至少在这本书的文字里，还能留下些许痕迹。

　　本书的出版要特别感谢北京大学出版社的编辑王晶老师，在编辑过程中，她不但提供了十分专业的修改意见，而且给了我最大限度的耐心与宽容，甚至让我有机会在出版社的微信公号上连载尚未完成的书稿，以听取读者意见。我的学生李偲韬协助整理了书中收录的参考文献，侯猛、尤陈俊、段佳慧、徐沛筠、卓裕春、柯玉璇、邓森月、童孟君、金上钧、张孝晨、王坤宁、高凯铭、严君啸、张赟洁等师友提供了有益的修改意见和反馈，在此一并致谢。

　　谨以此书，向孟德斯鸠致敬。

刘思达

2024 年 5 月 23 日